TECC

Test of Communicative Chinese

オフィシャルガイド＆最新過去問題

中国語コミュニケーション能力検定

中国語コミュニケーション協会 編

朝日出版社

はじめに

　中国は日本の隣邦である。この地理的位置は永遠に変わらない。地理的な距離の近さにもまして，中国ほど心理的に我々に親しみを感じさせる国もない。我々の思考の基礎をなす漢字の概念，ものの見方・考え方など，その文化的影響は計り知れない。

　しかし，このような日中の文化的，歴史的な関係は，いま大きく動きつつある。アジア，特に中国語圏に属する国と地域のめざましい経済的発展は，これからの日本と世界のあり方を大きく変えてしまった。もはや，これまでのような欧米一辺倒はありえない。中国を抜きにしたわが国の21世紀は考えられない。

　日本と中国はいまや，文化・学術・政治・経済など多くの分野で，人と人とが直接にコミュニケーションする新しい時代を迎えた。ビジネスの現場では，なによりもコミュニケーション能力のある人材が求められている。日中両国の友好と繁栄を形成する基盤の一つは，紛れもなくこのような言語による相互コミュニケーションであり，相互理解である。

　いきおい，中国語のコミュニケーション能力を正確に測定できる，客観的で信頼性の高い検定を求める声もこれまでになく高まった。

　私どもが開発，実施している「中国語コミュニケーション能力検定」（Test of Communicative Chinese = 略称 TECC）はこのような社会的背景とニーズに支えられて誕生したものである。我々は TECC が受験者にとって，中国語学習の指針と目標となることを，また一人一人の未来を切り開く武器ともなることを願っている。

　一つの外国語に習熟することは容易ではない。皆さんの意欲ある挑戦を期待し，それを心から支援し，歓迎するものである。

中国語コミュニケーション協会代表
相原　茂

目次

CONTENTS

はじめに ……………………………………………………………………………… 003

オフィシャルガイド編　　　　　　　　　　　　　　　　　　　　　　　007

第1章　中国語コミュニケーション能力検定とは ……………………… 009

1　中国語コミュニケーション能力検定開発の背景 ………………………… 010
2　中国語コミュニケーション能力検定で測定する能力 …………………… 011
3　中国語コミュニケーション能力検定の出題概要 ………………………… 011
4　中国語コミュニケーション能力検定スコアの意味 ……………………… 014
5　中国語コミュニケーション能力検定実施要項 …………………………… 016

第2章　中国語コミュニケーション能力検定問題パターン …………… 017

◆リスニング問題 ……………………………………………………………… 019
　第1部　基本数量問題 …………………………………………………… 020
　第2部　図画写真問題 …………………………………………………… 026
　第3部　会話形成問題 …………………………………………………… 034
　第4部　会話散文問題 …………………………………………………… 042
　TECCリスニング問題の攻略法 ………………………………………… 050

◆リーディング問題 …………………………………………………………… 053
　第5部　語順問題 ………………………………………………………… 054
　第6部　補充問題 ………………………………………………………… 060
　第7部　語釈問題 ………………………………………………………… 068
　第8部　読解問題 ………………………………………………………… 074
　TECCリーディング問題の攻略法 ……………………………………… 082

最新過去問題編

中国語コミュニケーション能力検定（公式テスト）

I 問題 ……… 087

第1部　基本数量問題 ……… 088
第2部　図画写真問題 ……… 090
第3部　会話形成問題 ……… 099
第4部　会話散文問題 ……… 103
第5部　語順問題 ……… 108
第6部　補充問題 ……… 109
第7部　語釈問題 ……… 113
第8部　読解問題 ……… 115

II 解答・解説 ……… 123

第1部　基本数量問題 ……… 124
第2部　図画写真問題 ……… 126
第3部　会話形成問題 ……… 131
第4部　会話散文問題 ……… 136
第5部　語順問題 ……… 143
第6部　補充問題 ……… 145
第7部　語釈問題 ……… 150
第8部　読解問題 ……… 154

※本問題は第26回中国語コミュニケーション能力検定（TECC）公開試験に拠ります。

TECC
Test of Communicative Chinese

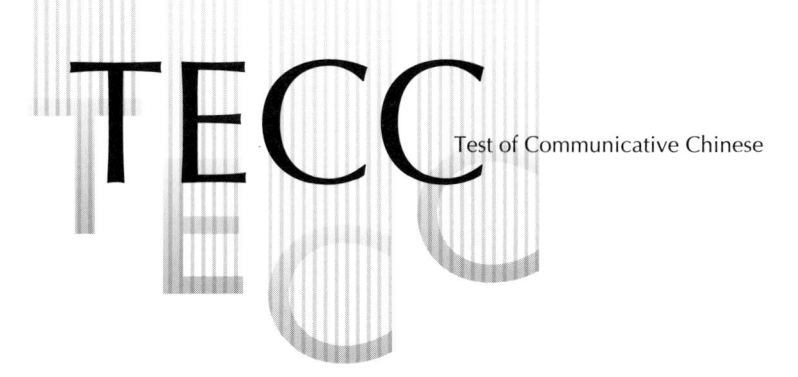

オフィシャルガイド編
中国語コミュニケーション能力検定のすべて

Test of Communicative Chinese

第1章

中国語コミュニケーション能力検定とは

1　中国語コミュニケーション能力検定開発の背景
2　中国語コミュニケーション能力検定で測定する能力
3　中国語コミュニケーション能力検定の出題概要
4　中国語コミュニケーション能力検定スコアの意味
5　中国語コミュニケーション能力検定実施要項

1 中国語コミュニケーション能力検定開発の背景

重要性を増す中国語コミュニケーション能力

　近年の中国および中国語圏に属する国と地域の経済発展はめざましいものがあります。
　これに伴って，日本と中国語圏に属する国々との経済・文化交流の機会も増え，これらの国の人々と私たち日本人が直接コミュニケーションする場面も格段に多くなりました。

　このような状況下で以前にもまして必要とされるのは中国語運用力，すなわち中国語コミュニケーション能力です。このコミュニケーション能力は私たちの日常生活の場面においても，ビジネスシーンや旅行などにおいても，ますます重要性・必要性を増しています。

中国語コミュニケーション能力尺度の必要性

　中国語コミュニケーション能力が強く求められている今，この能力の内容を中国語を学ぶ多くの人に具体的に示し，到達すべきレベルを明確に示す基準が必要とされています。また，各々の学習者がどのレベルに位置しているかを正確に測定する尺度が求められています。

中国語コミュニケーション能力検定の開発

　このような社会的要請に応え，中国語コミュニケーション能力の基準を示し，測定・評価するシステムとして新しい中国語の検定が開発されました。この検定の特徴は「中国語コミュニケーション能力検定」という名称を見れば一目瞭然でしょう。このような特徴の他に，「目標となり，励みになる」，「能力が正確かつ客観的に測定され，信頼できる」，「今後の学習の指針となる」，「中国語能力の証明になる」など，数多くの特徴を備えています。

2　中国語コミュニケーション能力検定で測定する能力

　中国語コミュニケーション能力検定（Test of Communicative Chinese：以下 TECC と表します）では，日常生活やビジネスシーンにおける人と人とがコミュニケーションを行う具体的な場面，遭遇するであろう状況において，中国語を介した適切な意思の伝達・的確な意図の理解の度合いをコミュニケーション能力として定義し，測定します。

　したがって，中国語を使っていかに意思疎通できるかということ，つまり，中国語の断片的な知識ではなく，これを総合的に活用した，言葉に本来必要とされる実践的な運用能力のレベルが測定されることになります。

3　中国語コミュニケーション能力検定の出題概要

形　式

　TECC は，連続した 80 分間で合計 140 問に答える，一斉客観テストです。

　解答はすべて「4 つの選択肢の中から最も適当な選択肢 1 つを選択する」という四肢択一式で，解答用紙の所定の欄にマークするマークシート方式です。

　問題は，「リスニング問題」，「リーディング問題」の 2 部構成になっており，リスニング問題 70 問（35 分間），リーディング問題 70 問（45 分間）が，合計 8 種類の問題形式で出題されます。

〈問題形式〉

リスニング問題 [70 問]　35 分間	リーディング問題 [70 問]　45 分間
第 1 部　基本数量問題　（10 問）	第 5 部　語順問題　（10 問）
第 2 部　図画写真問題　（20 問）	第 6 部　補充問題　（20 問）
第 3 部　会話形成問題　（20 問）	第 7 部　語釈問題　（20 問）
第 4 部　会話散文問題　（20 問）	第 8 部　読解問題　（20 問）

素材

TECCの問題は，中華人民共和国で使用される簡体字表記の普通話（共通語）で出題されます。

難問奇問の類は出題されず，中国での日常生活やビジネスシーンなどで目に触れたり，耳にする素材が厳選されています。すべての問題は，6つの能力に大別される中国語のコミュニケーション能力を測定するために，バランスよく構成されています。

〈コミュニケーション能力を構成する6つの能力〉

1　音声弁別力
中国語の発音（有気音・無気音や-nと-ngなどを含む），声調をしっかりと聴き分ける力

2　会話形成力
意思の伝達・把握をベースに，会話の組み立て・展開ができる力

3　聴解力
一定の速さで話される中国語の音声を，ほぼ瞬時にその内容を理解し，意図を十分に把握できる力

4　語彙力
単語やフレーズ，四字成語などの意味・発音・ニュアンスなどの知識，およびその活用・使い分けができる力

5　文法力
文法的機能語の適切な位置や用法がわかる力。また，接続詞や副詞などに関わる呼応形式，各種構文の形式と意味についての理解力

6　読解力
一定の長さの文章を十分な速度で読み，全体の要旨をつかみ，同時に個々のポイントとなる情報を正確に把握する力

スピード

〈リスニング問題〉

　　基本的にネイティブスピーカーが明瞭に発音するスピードで出題されます。問題内容がさまざまな場面に対応しているため，問題によっては実際の会話でのナチュラルスピードに等しい速さの問題も出題されます。

　　例えば，アナウンサーがニュースを読み上げるような，やや速いスピードによる問題もあります。

　　なお，リスニング問題は原則として1度しか読まれませんが，第1部の「基本数量問題」に限っては2回発音されます。これは実際のコミュニケーションの場面でも，時間や日付けは確認の意味でもしばしばくり返されるからです。

〈リーディング問題〉

　　リスニング問題と同様，限られた時間の中でいかに正確に内容が把握できているかを問います。したがって設問は，全体の大意を理解しているか，重要なポイントを正確に把握しているかを問う形で出題されています。

　　例えば，最後の読解問題は相当の長文でボリュームがありますが，これを残り少ない時間と戦いながら，かなりのスピードで解いていくことになります。当然，全体の大意をおさえながら，情報のポイントは逃さない読みが必要です。

4 中国語コミュニケーション能力検定スコアの意味

不変の尺度

　TECCでは，受験者の実力を毎回公正に測定できるように統計処理を行い結果スコアを算出しています。従来のテストにおいては問題全体の難易度，あるいは受験者のレベルの差異によって，その結果は違う意味を持ちました。つまり，正答問題の配点を足し合わせた得点や，偏差値表示した数値をテストの結果としています。しかし，それはあくまで「そのテスト」を受けた母体の中での評価にすぎません。問題がさらに難しくなったり，受験母体が変化したりするとその数値はいくらでも変化してしまいます。

　TECCではこのような異同を排し，1000点満点という尺度において例えば実力が500点前後の受験者は常に500点近い結果となる問題作成と統計処理を行っています。

指標性

　TECCのスコアは「どの位のコミュニケーション能力があるのか」を明確に示す指標になっています。スコアはそれに対応するA～Fまでの6つのレベルに分類され，到達能力が具体的に定義されています（次頁の表参照）。つまり，単に何点だったという抽象的な意味ではなく，TECCのスコアは膨大な検証データに裏付けられた具体的能力の意味を示す指標となっているのです。

時系列による比較

　毎回のスコアが同じ意味を持つように，結果データに対して「等化」という処理を行っています（注）。これは最新のテスト結果データと，蓄積されている過去のデータを同一の尺度に揃えるための計算処理です。この等化によって，スコアが毎回同一の尺度により表示されるため，時系列的に個人や組織などでのスコア比較が可能になります。

学習の指針・目安

TECCの結果スコアは，受験時点での実力を正確に反映するスコアなので，より高いレベルにステップアップするための学習計画を立てる指針とすることができます。また，学習効果を測定する際の目安としても利用することができます。

レベル	スコア	レベルの意味
A	900～1000 中国語の専門家は900点以上	**中国語の専門家はこのレベル！** ノンネイティブとして充分なコミュニケーションができるレベル。微妙なニュアンスの理解・伝達ができ，あらゆる生活の場面で不自由のないレベル。
B	700～899 海外赴任は700点以上	**海外で活躍したい人はこのレベル！** 表現は豊かになり，不自由なく日常生活でのコミュニケーションができる。専門分野の学習をすれば，ビジネス上の交渉・説得も可能なレベル。海外赴任は700点が目安。
C	550～699 日本国内の中国語業務は600点以上，中文専攻の4年生は670点以上	**仕事で使えるレベル！** 日常会話の必要を満たし，限定された範囲内でのビジネス上のコミュニケーションもできるレベル。600点なら国内の中国関連業務に従事可能。中文専攻の4年生は670点を目標に。
D	400～549 第2外国語の2年生は400点以上	**簡単な日常会話レベル！** 簡単な依頼や買い物，旅行など，特定の場面や限定的な範囲でのコミュニケーションができるレベル。
E	250～399	**挨拶レベルから卒業できる！** 基本的な事項の確認や自分の意思を伝えられるレベル。相手が配慮してくれる場合は，ある程度の会話もできる。
F	0～249	**ステップアップの第一歩！** 挨拶はある程度でき，日常生活の基本単語が聴いてわかるレベル。会話や文章に重点を置いた学習を始めたい。

（注）スコアは総合スコア，リスニングスコア，リーディングスコアの3種類が表示されますが，等化は総合スコアのみで行っています。リスニングスコアとリーディングスコアはその回のテストの得点比を知るための参考データです。

5 中国語コミュニケーション能力検定 実施要項

- ●名　　称： 中国語コミュニケーション能力検定
　　　　　　　略称：TECC　Test of Communicative Chinese
- ●開　　発： 中国語コミュニケーション協会
- ●運営・実施： 一般財団法人中国ビジネス交流協会
- ●認定資格： スコア表示方式（1000点満点）　認定証発行
- ●出 題 数： 140問（リスニング70問、リーディング70問）
- ●試験時間： 80分（リスニング問題35分、リーディング問題45分）
- ●使用言語： 中国語「普通話」（「簡体字」による表記）
- ●解答方法： 四肢択一マークシート方式
- ●試験結果： 実施日から約1ヶ月後に認定証を郵送
- ●受 験 料： 6,300円（消費税込み）
- ●申込／問合せ先：一般財団法人中国ビジネス交流協会
　　　　　　　TEL 03-5793-7055／FAX　03-5793-7474
　　　　　　　E-mail：info@tecc.jpn.com
　　　　　　　〒108-0072　東京都港区白金1-29-4　TNKビル5F
- ●公式サイト： http://www.tecc.jpn.com

Test of Communicative Chinese

第 2 章

中国語コミュニケーション能力検定問題パターン

リスニング問題
第1部　基本数量問題
第2部　図画写真問題
第3部　会話形成問題
第4部　会話散文問題

リーディング問題
第5部　語順問題
第6部　補充問題
第7部　語釈問題
第8部　読解問題

リスニング問題

　TECCの問題パターンのうち，まず前半部分のリスニング問題4パターンを取り上げます。

　リスニング問題は35分間で70問出題されます。各設問の間隔は7〜10秒程度ですので，解答用紙にマークする時間を考慮すると，問題を聴き取ると同時に答えの見当をつけるくらいの心づもりで試験に臨まなければスピードについていけなくなります。なお，中国語は「基本数量問題」以外は一度しか読まれません。

　はじめに，問題番号が中国語で読まれます。それぞれの問題の選択肢または問題文をすべて読み終わると，合図として信号音が鳴ります。解答は，設問番号と同じ番号の解答欄にマークします。

　本書では，以下に示すように，4つのリスニング問題パターンごとに合計18問を例題として掲載しています。

　リスニング問題はすべて付属のCD内に収録されていますので，CDを併用して問題に取り組んでください。

TECCの問題構成

●リスニング問題（35分間）

問題パターン	出題数	本書での例題数
第1部　基本数量問題	10	4
第2部　図画写真問題	20	6
第3部　会話形成問題	20	4
第4部　会話散文問題	20	4

※本書に ◎ マークのある箇所では付属のCDを使います。

第1部 基本数量問題

> 出題のねらい
> ・まぎらわしい数字の発音が弁別できるか。
> ・日常よく使われる時間・量・重さ・長さなどの言い方を理解しているか。
> ・それらを音声によって聴き分けることができるか。

テスト形式

第1部は発音を聞き，それが表しているものをA～Dの選択肢から選ぶ問題です。

◇問題用紙
　A～Dの選択肢に4種類の答えが印刷されています。

◇出題数
　10問出題されます。

◇解答方法
　①テープと文字による指示があります。
　"第1題"dì yī tí（第1問）と問題番号が読まれて，試験が始まります。
　②問題は2回発音されます。
　③問題を読み終わると合図として信号音が鳴ります。
　④マークシートに答えを記入します。
　⑤10問まで同じ要領で進みます。

◇解答時間
　問題が読まれてから，次の問題が読まれるまでの時間は数秒です。

例題

Track2

発音を聴いて，それが表しているものを A～D の選択肢から選び，その記号をマークしなさい。発音は 2 回繰り返します。

例題 1.　A　7 月 1 日
　　　　　B　1 月 7 日
　　　　　C　1 月 17 日
　　　　　D　11 月 7 日

例題 2.　A　10：05
　　　　　B　9：59
　　　　　C　4：50
　　　　　D　5：10

例題 3.　A　18 kg
　　　　　B　18 km
　　　　　C　18 g
　　　　　D　18 cm

例題 4.　A　10 − 4 = 6
　　　　　B　4 + 11 = 15
　　　　　C　20 − 10 = 10
　　　　　D　4 + 10 = 14

| [基本数量問題]の音声

第1題　1月17号　yīyuè shíqī hào
第2題　差10分5点　chà shí fēn wǔ diǎn
第3題　18公斤　shíbā gōngjīn
第4題　4加10等于14　sì jiā shí děngyú shísì

| [基本数量問題]の解答・解説

●解答　1．C
[月日の言い方] 年月日は"年"nián "月"yuè "号（日）"hào（rì）と数字を組み合わせて表される。この問題に限らず，似ていて聴き取りにくい数字 "一"yī と "七"qī，"十"shí と "十一"shíyī などを聴き分けられることがポイント。選択肢では "日" が使われているが，音声では "号" と言っている。このように発音が表している正解を選ぶのであって，必ずしも表記どおりに発音されるとは限らない。

●解答　2．C
[時間の言い方] 時間の言い方「～時～分」は "～点～分"。問題では「～時～分前」"差～点～分" の言い方を知っていることが重要。「2時2分」は "两点零二分" liǎng diǎn líng èr fēn，「2時2分前」は "差两分两点" chà liǎng fēn liǎng diǎn などの言い方も覚えておきたい。この他，よく出題されるのが "刻" kè を使った言い方。

●解答　3．A
[重さの言い方] 選択肢はA，Cが重さ，B，Dが長さを表している。"公斤" gōngjīn（キログラム）と言っているのでAが正解とわかる。「グラム」は "克" kè と言う。この他，"斤" jīn や "两" liǎng という重さの単位もある。さらに，"公里" gōnglǐ（キロメートル），"米" mǐ（メートル），"公分" gōngfēn（センチメートル）などの長さの単位も覚えよう。

●解答　4．D
[足し算の言い方] 加減乗除は "加" jiā "減" jiǎn "乘" chéng "除" chú と発音する。ここではまず，足し算か引き算かを聴き分けられることが重要。「＝（イコール）」に相当する言葉は "等于" děngyú "是" shì などを用いる。数字の "四" sì，"十" shí，"十一" shíyī の聴き分けがポイントになる。

参考……発音されなかったものも中国語で言えるようにしよう

例題1. 　A　7月1号　　　　qīyuè yī hào
　　　　B　1月7号　　　　yīyuè qī hào
　　　　C　1月17号　　　yīyuè shíqī hào
　　　　D　11月7号　　　shíyīyuè qī hào

例題2. 　A　10点5分　　　shí diǎn wǔ fēn
　　　　B　差1分10点　　chà yì fēn shí diǎn
　　　　（＝9点59分　　 jiǔ diǎn wǔshijiǔ fēn）
　　　　C　差10分5点　　chà shí fēn wǔ diǎn
　　　　（＝4点50分　　 sì diǎn wǔshí fēn）
　　　　D　5点10分　　　wǔ diǎn shí fēn

例題3. 　A　18公斤　　　　shíbā gōngjīn
　　　　B　18公里　　　　shíbā gōnglǐ
　　　　C　18克　　　　　shíbā kè
　　　　D　18公分　　　　shíbā gōngfēn
　　　　（＝18厘米　　　 shíbā límǐ）

例題4. 　A　10减4等于6　　shí jiǎn sì děngyú liù
　　　　B　4加11等于15　 sì jiā shíyī děngyú shíwǔ
　　　　C　20减10等于10　èrshí jiǎn shí děngyú shí
　　　　D　4加10等于14　 sì jiā shí děngyú shísì

[基本数量問題] の和訳

例題1.　1月17号
例題2.　5時10分前
例題3.　18キログラム
例題4.　4足す10は14

第1部 ········ [基本数量問題]

コミュニケーションの第一歩

　数はあらゆるコミュニケーションの場面に登場し，しかも言い間違えや聴き間違えがもとで思わぬ影響や結果を引き起こす危険性を持つ。したがって，まず一番に押さえておかなければならない重要ポイントである。数が正確に聴き取れ，言えれば，コミュニケーションの第一歩はクリアしたと言ってよい。

　仮に中国人と知り合いになったとしよう。生まれた年や兄弟の数，両親の年齢などに始まり，さらに学年や勤めて何年になるか，そして学費や給料の額までが話題にのぼる。次の約束のために日にちや曜日，時間を相談し，電話番号を教え合う。家に招くなら，番地を教え，乗り物の所要時間，降りてから何メートルほど歩くかなどを説明することになる。反対に招かれるならこれらが聴き取れることが必要となる。商談や買い物では数そのものが議論の対象となり，聴き違い，言い違いが致命傷となる。失敗を犯さないためにも，まず数の言い方をしっかり身に付けておこう。

　数字は，位をつけずに粒読みする方法と，位をつける言い方とがある。今上で挙げた場合の数もこのどちらかになり，このどちらにもきまりがあり，注意すべき点がある。TECCもまさにこの点をついた出題となる。

ポイント

①粒読みするときには
"〇" líng ～ "九" jiǔ どんな順で言われてもすぐわかるように。
"一" yī と "七" qī を聴き分ける。
"一" は "幺" yāo と言い換えられる。

②位をつけて読むときには
"四" sì と "十" shí，"七" qī と "十"，"十" と "十一" shíyī を聴き分ける。
"2" は "二" èr と読まれたり "两" liǎng と読まれたりする。
"十""百" bǎi "千" qiān "万" wàn "亿" yì が聴き取れるようになる。
大きな数を読むときは "〇" líng と "一" の扱いに注意する。

③付属物にも注意
年・月・日・曜日／小数／分数／パーセント／時間の単／お金の単／長さや重さの単位などを聴き取る。

これは知っ得

●西暦・電話番号・郵便番号

1999年：一九九九年　yījiǔjiǔjiǔ nián
2000年：二〇〇〇年　èrlínglíng nián
2001年：二〇〇一年　èrlínglíngyī nián
☎ 1234-5678：一 二 三 四 － 五 六 七 八
　　　　　　　yāo èr sān sì　wǔ liù qī bā
〒 206-8681：二 零 六 － 八 六 八 一
　　　　　　　èr líng liù　bā liù bā yāo

●小数・分数・パーセント・加減乗除

0.25：零点二五　líng diǎn èr wǔ
3.75：三点七五　sān diǎn qī wǔ
$\frac{1}{4}$：四分之一　sì fēn zhī yī
$3\frac{3}{4}$：三又四分之三　sān yòu sì fēn zhī sān
25％：百分之二十五　bǎi fēn zhī èrshiwǔ
7.5％：百分之七点五　bǎi fēn zhī qī diǎn wǔ
2＋3＝5　二加三等于五
　　　　 èr jiā sān děngyú wǔ
4－1＝3　四减一等于三
　　　　 sì jiǎn yī děngyú sān
6×2＝12　六乘以二等于十二
　　　　 liù chéng yǐ èr děngyú shí'èr
9÷3＝3　九除以三等于三
　　　　 jiǔ chú yǐ sān děngyú sān

大きな数と "0"

100　　一百　　yì bǎi
101　　一百零一　yì bǎi líng yī
110　　一百一（十）　yì bǎi yī（shí）
1001　一千零一　yì qiān líng yī
1010　一千零一十　yì qiān líng yī shí
1100　一千一（百）　yì qiān yī（bǎi）

●単位のいろいろ

重さ：g　＝克　kè
　　　kg　＝千克　qiānkè,
　　　　　　公斤　gōngjīn

長さ：mm　＝毫米　háomǐ
　　　cm　＝厘米　límǐ, 公分　gōngfēn
　　　m　　＝米　mǐ, 公尺　gōngchǐ
　　　km　＝千米　qiānmǐ,
　　　　　　公里　gōnglǐ

容量：$m\ell$（＝cc）＝毫升　háoshēng
　　　$d\ell$　＝分升　fēnshēng
　　　ℓ　　＝升　shēng

広さ：cm^2　＝平方厘米　píngfāng lí
　　　m^2　　＝平方米　píngfāngmǐ
　　　km^2　＝平方千米
　　　　　　píngfāng qiānmǐ,
　　　　　　平方公里
　　　　　　píngfāng gōnglǐ

温度：℃　＝（摄氏）度　(shèshì) dù
　　　18℃ ＝十八度　shíbā dù
　　　-15℃＝零下十五度
　　　　　　língxià shíwǔ dù

貨幣：45.63元＝四十五块六毛三（分）
　　　sìshiwǔ kuài liù máo sān（fēn）
　　　2.22元＝两块两毛二
　　　liǎng kuài liǎng máo èr
　　　9.05元＝九块零五分
　　　jiǔ kuài líng wǔ fēn
　　　20.87元＝二十块（零）八毛七分
　　　èrshí kuài（líng）bā máo qī fēn

第2部 ……… 図画写真問題

出題のねらい
- 中国語の単語やフレーズを,文字を介さず直接理解できるか。
- まぎらわしい声調の弁別,有気音・無気音の識別,類似音の弁別などができるか。
- 状況にふさわしい文を瞬時に想起できるか。
- 特定の単語やフレーズに惑わされず,文全体の意味を把握できるか。

テスト形式

第2部では,それぞれの図画や写真に対してA～Dの4つの説明が読まれます。最も適当なものを選び,その記号をマークします。

◇問題用紙
　問題番号以外には,絵と写真しか印刷されていません。

◇出題数
　絵の問題が10問,写真の問題が10問,合計20問出題されます。

◇解答方法
　①"第11題"dì shíyī tí（第11問）と番号が読まれて,第2部の問題が始まります。
　②選択肢がA・B・C・Dの順に読まれます。選択肢は1度しか読まれません。
　③選択肢をすべて読み終わると,合図として信号音が鳴ります。
　④マークシートに答えを記入します。
　⑤第30問まで,同じ要領で続けます。

◇解答時間
　選択肢Dが読まれてから,次の問題が読まれるまでの時間は数秒です。

例題

Track3

例題 5 から例題 10 まで，それぞれの図画や写真に対して，A ～ D の 4 つの説明が読まれます。その中から最も適当なものを選び，その記号をマークしなさい。

例題 5

例題 6

例題 7

| [基本数量問題]の音声 |

第5題　A　餐厅　cāntīng　　B　卧室　wòshì
　　　　C　厕所　cèsuǒ　　　D　厨房　chúfáng
第6題　A　呼吸　hūxī　　　　B　父亲　fùqin
　　　　C　复习　fùxí　　　　D　护士　hùshi
第7題　A　关上　guānshang　B　锁上　suǒshang
　　　　C　合上　héshang　　D　盖上　gàishang

| [基本数量問題]の解答・解説 |

●解答　5．B
[寝室の絵] 音声では，部屋の名前がいろいろ発音された。発音を聞いて，漢字を思い浮かべずに意味がわかるようになりたい。参考までに，"厅"のつく部屋には"客厅" kètīng（客間），"～房"には"书房" shūfáng（書斎），"病房" bìngfáng（病室），"～室"には"办公室" bàngōngshì（事務室），"浴室" yùshì（浴室），また"洗澡间" xǐzǎojiān（浴室），"卫生间" wèishēngjiān（トイレ）など"间"のつくものもある。

●解答　6．A
[深呼吸をしている絵] 音声では"呼吸" hūxī（呼吸する）に似た発音の単語が読まれた。"hu"と"fu"の聴き分け，"xi"と"shi"の違いに注意。もちろん声調の弁別もポイントになる。

●解答　7．C
[本を閉じる絵][動詞+"上"]の単語が読まれた。補語の"上"の意味はさまざまあるが，A〜Dの"上"は分かれているものがくっつくことを表す。次に動詞だが，Aの"关" guān は，「門や戸を閉める」「スイッチを切る」，Bの"锁" suǒ は「施錠する」，Dの"盖" gài は「ふたをする」。正解はCの"合" hé。「両方をぴったり閉じ合わせる」ときに用いる。

| [基本数量問題]の和訳 |

例題5．A　ダイニング　　　　B　寝室
　　　　C　トイレ　　　　　　D　キッチン
例題6．A　呼吸　　　　　　　B　父親
　　　　C　復習する　　　　　D　看護人
例題7．A　（門や戸を）閉める　B　鍵をかける
　　　　C　（両方を合わせて）閉じる
　　　　D　ふたをする

例題

Track4

例題 8

例題 9

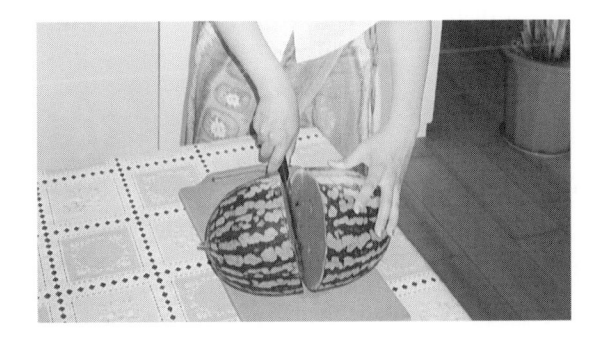

例題 10

[写真問題] の音声

第 8 題　A　地上放着两把钥匙。
　　　　　　Dìshang fàngzhe liǎng bǎ yàoshi.
　　　　　B　椅子下边儿有双拖鞋。
　　　　　　Yǐzi xiàbianr yǒu shuāng tuōxié.
　　　　　C　桌子上放着两个杯子和一把钥匙。
　　　　　　Zhuōzi shang fàngzhe liǎng ge bēizi hé yì bǎ yàoshi.
　　　　　D　柜子旁边儿有一件衣服。
　　　　　　Guìzi pángbiānr yǒu yí jiàn yīfu.

第 9 題　A　她正在吃西瓜。
　　　　　　Tā zhèngzài chī xīguā.
　　　　　B　她正在切西瓜。
　　　　　　Tā zhèngzài qiē xīguā.
　　　　　C　她正在洗水果。
　　　　　　Tā zhèngzài xǐ shuǐguǒ.
　　　　　D　她正在磨菜刀。
　　　　　　Tā zhèngzài mó càidāo.

第 10 題　A　一辆火车从远处开了过来。
　　　　　　Yí liàng huǒchē cóng yuǎnchù kāileguolai.
　　　　　B　他们手提着皮包在赶火车。
　　　　　　Tāmen shǒu tízhe píbāo zài gǎn huǒchē.
　　　　　C　一些旅客在车站排队存行李。
　　　　　　Yìxiē lǚkè zài chēzhàn páiduì cún xíngli.
　　　　　D　一个人推着行李走过来。
　　　　　　Yí ge rén tuīzhe xíngli zǒuguolai.

[写真問題]の解答・解説

●解答　8.　C
[テーブルの上の湯のみと鍵の写真] A は"地上"（床に）と言っているので間違い。B は"椅子下边"（椅子の下），"拖鞋"（スリッパ）ともに写真とは合わない。正解は C。

●解答　9.　B
[スイカを切っている写真] A の"吃西瓜"chī xīguā（スイカを食べる），B の"切西瓜"qiē xīguā（スイカを切る）の"吃"chī と"切"qiē の発音を聴き分けられることが重要。C の「果物を洗う」，D の「包丁を研ぐ」は写真と合わない。正解は B。

●解答　10.　D
[旅行者が荷物を押してやってくる写真] D の"推着行李～"（荷物を押しながら）がポイントとなる表現。写真の列車はホームに停車していて A の言うように向こうからやってくるところではない。B の「カバンを手に提げて」，C の「ホームに並んで」も写真にはない。

[写真問題]の和訳

例題 8.　A　床に鍵が 2 つ置いてある。
　　　　B　椅子の下にサンダルが 1 足ある。
　　　　C　テーブルの上に湯のみが 2 つと鍵が 1 つ置いてある。
　　　　D　タンスのそばに服が 1 着ある。

例題 9.　A　彼女はスイカを食べているところだ。
　　　　B　彼女はスイカを切っているところだ。
　　　　C　彼女は果物を洗っているところだ。
　　　　D　彼女は包丁を研いでいるところだ。

例題 10. A　1 輛の列車が遠くからやってきた。
　　　　B　彼らは手に革カバンを提げて，列車に間に合うように急いでいる。
　　　　C　何人かの旅行客が駅で並んで荷物を預けている。
　　　　D　人が 1 人荷物を押しながらやってくる。

第2部 ……… [図画写真問題]

アタマを中国語システムに切り替える

　入門・初級段階の教科書は，学校生活あるいは旅行を題材としたものがほとんどだ。そのため文法の基本を学び終えた段階でも，ネイティブならば最も早い時期に身に付けているはずの，ごく日常的な，具体的なモノの名前やことがらに関する語彙が欠落している。基本文型を一通り学んだだけでも，知っている語彙が多ければ，かなりの表現力，聴取力を持ちうるはずである。

　まず図画問題で，この語彙における片寄りをチェックする。漢字を見てその意味がわかることと，それが実際に運用できることの間には大きな隔たりがある。ここでは文字を介さずに，直接モノと音を結び付けることができるかが試される。使える，あるいは聴き取れる単語の数の差が学力の差となる。

　写真問題では，写真に写った客観的事実を，どの選択肢が正しく説明しているかを聴き分ける。あるモノ・コトを中国語で表現する練習は，ほとんど日文中訳によって行なわれているのが現状である。そのため，中国語で話す時，頭の中でまず日本語で作文し，それを中国語に訳す習慣が身についてしまっている。単語を中国語に置き換え，語順をひっくり返す。日本語にひきずられ，似て非なる中国語になることもしばしばである。コミュニケーションの場ではこのような事をしている暇はない。

　外国語を聞き話す時には，頭の中から日本語を追い出し，頭を別の言語体系に切り替える必要がある。まずはＳＶＯの語順が抵抗なく耳で理解できるようになり，さらに楽に口から出るようにならなければならない。ここでは写真を見ながら中国語を語順のままに聞いて理解できるかが試される。

ポイント

①日常的によく目にふれるモノを絵を見ながら覚える

◇衣食住に関する単語。

衣："领带" lǐngdài（ネクタイ），"Ｔ恤衫" T-xùshān（Ｔシャツ），"牛仔裤" niúzǎikù（ジーパン），"旗袍" qípáo（チャイナドレス）など。

食：野菜，物，"汉堡包" hànbǎobāo（ハンバーガー）などのファーストフード，"包子" bāozi（中華まん），"油条" yóutiáo（揚げパン）など中国の食べ物や食器など。

住：家具のほか家電類，例えば"空调" kōngtiáo（エアコン），"收录机" shōulùjī（ラジカセ），"录像机" lùxiàngjī（ビデオ）や，"年画" niánhuà（年画），"对联" duìlián（対聯）など。

◇OA機器などのオフィス用品："复印机" fùyìnjī（コピー機），"打印机" dǎyìnjī（プリンタ），"电脑" diànnǎo（コンピュータ），"传真机" chuánzhēnjī（ファックス）など。

●指文字の6〜10

6
7
8
9
10

◇街中の設備や乗り物："人行天桥" rénxíng tiānqiáo（歩道橋），"果皮箱" guǒpíxiāng（ゴミ箱），"电车" diànchē（路面電車・トロリーバス）など。
◇身振りの表す意味。

②説明・描写文に頻出する10パターンをマスターする

モノを説明したり描写する文のうち，主に次のパターンを身につけて，あとは語彙を増やす。

1. 是：这是一个自行车修理店。（これは自転車修理店です）
2. 有：电影院门前有五个人。（映画館の前に人が5人いる）
3. V着：桌子上放着两个杯子。（机の上にコップが2つ置いてある）
   　　　他们俩都戴着眼镜。（彼ら2人はどちらもメガネをかけている）
4. V着V：两个姑娘坐着聊天儿。
   　　　（2人の娘さんが座っておしゃべりしている）
5. V在：他坐在椅子上。（彼は椅子に座っている）
6. V在〜V：他坐在床上看电视呢。
   　　　（彼はベッドに座ってテレビを見ている）
7. 在〜V：他在舞台上弹钢琴呢。（彼は舞台でピアノを弾いている）
8. "有"の兼語文：有一个人推着自行车。（人が1人自転車を引いている）
9. 一边〜一边〜：两个小姐一边走一边聊天儿。
   　　　（2人の女の子が歩きながらおしゃべりしている）
10. 连〜也（都）〜：院子里连一棵树都没有。（庭には1本の木もない）

これは知っ得

●存在文でよく使われる動詞

◇人・物の静止的動作を表す

蹲 dūn（しゃがむ）	浮 fú（浮く）
挤 jǐ（ぎっしり詰まる）	靠 kào（寄りかかる）
排 pái（並ぶ）	飘 piāo（ただよう）
躺 tǎng（横になる）	停 tíng（止まる）
围 wéi（囲む）	趴 pā（腹這いになる）
站 zhàn（立つ）	坐 zuò（すわる）

◇物を位置づける動作を表す

摆 bǎi（並べる）	插 chā（挿す）
堆 duī（積む）	放 fàng（置く）
盖 gài（かぶせる）	挂 guà（掛ける）
贴 tiē（貼る）	装 zhuāng（積み込む）

●人物を描写する

梳着辫子　　（おさげ髪を結っている）
留着胡子　　（ひげを伸ばしている）
打着伞　　　（傘をさしている）
拄着拐棍儿　（杖をついている）
抱着孩子　　（子供を抱いている）

第3部 ……… 会話形成問題

| 出題のねらい | ・日常よく行われる会話の意味が理解できるか。
・フレーズ・短文を読む力があるか。
・会話の流れを把握し，会話に参加し，会話を形成（継続・発展・展開・終結）できるか。
・中国事情・文化に対する理解力があるか。 |

テスト形式

第3部は，甲乙男女2人の会話です。問題は2種類あり，(i)甲の発話に続く乙の返答として最も適当なものをA～Dの選択肢から選ぶ問題，(ii)甲乙2人の会話に続く甲の発話として最も適当なものをA～Dの選択肢から選ぶ問題です。

◇問題用紙
　(i)甲の発話が印刷されており，それに続く乙の答えをA～Dの選択肢から選ぶタイプと，(ii)甲乙の対話が印刷されており，それに続く甲の発話をA～Dの選択肢から選ぶタイプの2種類です。どちらのタイプも選択肢に文字は印刷されていません。

◇出題数
　(i)のタイプが10問，(ii)のタイプが10問，合計20問出題されます。

◇解答方法
　①テープと文字による指示があります。"第31題" dì sānshiyī tí（第31問）と番号が読まれて，第3部の問題が始まります。
　②まず印刷されている甲の，または甲乙2人の会話が読まれ，続けて選択肢A～Dが読まれます。選択肢は1度しか読まれません。
　③選択肢をすべて読み終わると合図として信号音が鳴ります。
　④マークシートに答えを記入します。
　⑤第50問まで同じ要領で続けます。

◇解答時間
　選択肢Dが読まれてから次の問題が読まれるまでの時間は数秒です。

例題

🎧 Track5

例題 11，12 は，それぞれ甲乙男女 2 人の会話です。甲の発話の次に，乙の返答として最も適当なものを，A〜D の選択肢から選び，その記号をマークしなさい。

例題 11.　甲：请抽支烟。
　　　　　乙：A
　　　　　　　B
　　　　　　　C
　　　　　　　D

例題 12.　甲：麻烦您，给我拿一双小号的。
　　　　　乙：A
　　　　　　　B
　　　　　　　C
　　　　　　　D

例題 13，14 は，それぞれ甲乙男女 2 人の会話です。この会話の続きとして，甲が発話する最も適当なものを，A〜D の選択肢から選び，その記号をマークしなさい。

例題 13.　甲：您是第一次来北京吗？
　　　　　乙：不，这已经是第三次了。
　　　　　甲：A
　　　　　　　B
　　　　　　　C
　　　　　　　D

例題 14.　甲：这就是你们新买的房子啊？
　　　　　乙：对，上个月刚搬进来，还没收拾好呢。
　　　　　甲：A
　　　　　　　B
　　　　　　　C
　　　　　　　D

[会話形成問題] の音声

第11題　甲：请抽支烟。Qǐng chōu zhī yān.
　　　　乙：A　你过奖了。Nǐ guòjiǎng le.
　　　　　　B　请您十分钟以后再来。Qǐng nín shí fēn zhōng yǐhòu zài lái.
　　　　　　C　对不起，我不会。Duìbuqǐ, wǒ bú huì.
　　　　　　D　我一点儿也看不懂。Wǒ yìdiǎnr yě kànbudǒng.

第12題　甲：麻烦您，给我拿一双小号的。
　　　　　　Máfan nín, gěi wǒ ná yì shuāng xiǎohào de.
　　　　乙：A　好的，我给您拿。Hǎo de, wǒ gěi nín ná.
　　　　　　B　请填一下表。Qǐng tián yíxià biǎo.
　　　　　　C　好，能便宜一点儿吗？Hǎo, néng piányi yìdiǎnr ma?
　　　　　　D　要是你喜欢，就拿去吧。Yàoshi nǐ xǐhuan, jiù náqu ba.

第13題　甲：您是第一次来北京吗？Nín shì dì yī cì lái Běijīng ma?
　　　　乙：不，这已经是第三次了。Bù, yǐjīng shì dì sān cì le.
　　　　甲：A　我还没去过呢。很想去一趟。
　　　　　　　　Wǒ hái méi qùguo ne. Hěn xiǎng qù yí tàng.
　　　　　　B　味道不错，就是咸了点儿。
　　　　　　　　Wèidao búcuò, jiù shì xián le diǎnr.
　　　　　　C　那您一定对这儿很熟悉了。
　　　　　　　　Nà nín yídìng duì zhèr hěn shúxī le.
　　　　　　D　好吧，那我明天再来看看。
　　　　　　　　Hǎo ba, nà wǒ míngtiān zài lái kànkan.

第14題　甲：这就是你们新买的房子啊？
　　　　　　Zhè jiù shì nǐmen xīn mǎi de fángzi a?
　　　　乙：对，上个月刚搬进来，还没收拾好呢。
　　　　　　Duì, shàng ge yuè gāng bānjinlai, hái méi shōushihǎo ne.
　　　　甲：A　不敢当。Bù gǎndāng.
　　　　　　B　打算什么时候搬家？Dǎsuan shénme shíhou bānjiā?
　　　　　　C　真宽敞啊。Zhēn kuānchang a.
　　　　　　D　一个月房租多少钱？Yí ge yuè fángzū duōshao qián?

[会話形成問題]の語注

- 支 zhī　　　　　　　　タバコを数える量詞
- 过奖 guòjiǎng　　　　　ほめすぎる
- 以后 yǐhòu　　　　　　以後，〜のあと
- 对不起 duìbuqǐ　　　　すみません
- 一点儿 yìdiǎnr　　　　少し
- 看不懂 kànbudǒng　　　見て理解できない
- 麻烦 máfan　　　　　　わずらわしい
- 双 shuāng　　　　　　2つで揃いになるものを数える量詞
- 小号的 xiǎohào de　　　小さいサイズのもの
- 填表 tiánbiǎo　　　　　表をうめる
- 便宜 piányi　　　　　　安い
- 要是〜 yàoshi〜　　　　もし〜なら
- 拿去 náqu　　　　　　 持っていく
- 第一次 dì yī cì　　　　　初めて
- 趟 tàng　　　　　　　 往復の回数を数える量詞
- 味道 wèidao　　　　　 味
- 咸 xián　　　　　　　 塩辛い
- 熟悉 shúxī　　　　　　 熟知している
- 那 nà　　　　　　　　では，それでは
- 房子 fángzi　　　　　　家
- 上个月 shàng ge yuè　　先月
- 刚 gāng　　　　　　　〜したばかり
- 搬家 bānjiā　　　　　　引っ越す
- 收拾 shōushi　　　　　片づける
- 宽敞 kuāngchang　　　　広々としている
- 房租 fángzū　　　　　　家賃

[会話形成問題]の解答・解説

●解答　11．C
[タバコを勧めている場面] 甲のセリフにある"（一）支"zhī は，タバコを数えるときの量詞。目的語の前の数詞"一"はよく省略される。選択肢 A は，ほめられたときの決まり文句。B の「10分後にまた来てください」では会話になっていない。正解は C で「ごめんなさい，吸えません」を選ぶ。中国語では，酒もタバコも習得の意味を表す"会"huì を用いて「飲める」「吸える」を表す。

●解答　12．A
[買い物の場] "麻烦您"と呼びかけたり"给我拿"と頼んでいるところから，買い物の場面が想定される。買うものは"号"（サイズ）があって対のもの，例えば靴である。靴を買うとき普通は B のように表に記入するよう店員に言われたりはしない。C はお客の言うことで，店員の言うことではない。D は甲のセリフにある"拿"が入っているので選びたくなるが，会話として成り立たない。

●解答　13．C
[北京にやってきた人との会話場面] 甲の"～来北京吗"から，甲乙2人は北京にいるという点をまず押さえる。そうすると一番選んでしまいやすい A の"我还没去过呢"はおかしいことがわかる。B の「味はなかなかだが，少し塩辛い」は全く無関係，D の「明日また来てみる」は"来"があってまどわされやすいが，会話の流れに合っていない。

●解答　14．C
[乙が買った家を甲が見ている場面] A の「恐れ入ります」は内容とは無関係。B の「いつ引っ越すの？」は"上个月刚搬进来"（先月引っ越してきたばかり）と合わない。D の「家賃はいくら？」は"新买的房子"（新しく買った家）と合わない。C「本当に広いですね」が正解。

[会話形成問題]の和訳

例題 11.　甲：タバコをどうぞ。
　　　　　乙：A　ほめすぎです。
　　　　　　　 B　10分後にもう一度来てください。
　　　　　　　 C　ごめんなさい，吸えません。
　　　　　　　 D　私は少しも見てわからない。

例題 12.　甲：すみません，私に小さいのを1足持ってきて。
　　　　　乙：A　かしこまりました。お持ちします。
　　　　　　　 B　ちょっと用紙にご記入ください。
　　　　　　　 C　これにします。少し安くなりますか。
　　　　　　　 D　好きなら持っていきなさい。

例題 13.　甲：はじめて北京にいらしたのですか。
　　　　　乙：いや，もうこれで3度目です。
　　　　　甲：A　私はまだ行ったことがありません。
　　　　　　　　 とても行きたいです。
　　　　　　　 B　味はなかなかですが，少し塩辛いです。
　　　　　　　 C　では，ここについてよくご存知ですね。
　　　　　　　 D　わかりました。では明日また来てみます。

例題 14.　甲：これがあなたがたが新しく買った家ですね。
　　　　　乙：そうです。先月引っ越して来たばかりで，まだきちんと片づいていないのです。
　　　　　甲：A　恐れ入ります。
　　　　　　　 B　いつ引っ越すつもりですか。
　　　　　　　 C　本当に広いですね。
　　　　　　　 D　1ヶ月の家賃はいくらですか。

しなやかに，すばやく反応

第3部 ……… [会話形成問題]

「スポーツはやりますか」という質問に「はい，テニスを少々」「いいえ，でも見るのは好きです」と言うのは教科書通りの答え。実際の会話ではもっと自由な受け答えがされている。例えば「これでも4番を打っているんですよ」「先月沖縄に潜りに行きました」「ジョギングはスポーツとは言えないかな」「時間がないんですよ」「お金がかかりますからね」「体こわしちゃって」など人によってその答えは千差万別。これでこそ会話がはずみ，発展していく。

しかしこれが外国語となると大変である。教科書通りの答えが返ってくればよいが，予想に反した受け答えをされたとたん，パニックに陥ってしまう。

会話の第一歩は，まず相手の投げかける言葉の意味を正しく理解して，それと噛み合う言葉を投げ返すこと。会話形成問題ではまずこの点をチェックする。もう一つのチェックポイントは柔軟性。教科書通りの答えが返ってこなくてもあわてずに臨機応変に対処できるかどうかが試される。予想にこだわらず，守備範囲を広くして柔軟な姿勢でのぞむことが求められる。

ポイント

＊場所を決定づける語に注目する
①呼びかけの言葉，呼称を覚える。
　一方がもう一方を"妈"mā と呼んでいれば親子の会話，"王经理" Wáng jīnglǐ と呼んでいれば2人は仕事上の関係であるという推測が成り立つ。

②場面ごとの決まり文句を覚える。
　"初次见面" chūcì jiànmiàn ならば初対面同士の会話，"好久不见了" hǎojiǔ bú jiàn le ならしばらくぶりに会った2人の会話である。"别送" bié sòng，"不送了" bú sòng le なら別れ際，"祝你一路平安" zhù nǐ yí lù píng'ān なら同じ別れ際でも一方が遠くへ行くことを表している。

③已然か未然かに注意する。
　すでに起こったことについて言っているのか，それともこれからのことについてなのかを知るには，時間詞・副詞・助動詞"要" yào，"了" le などが手がかりとなる。

これは知っ得

● 基本的な "问答" wèndá
　——このほかの受け答えも考えてみよう

□ 你儿子几岁了? ——四岁了。
□ 你多大了? ——十八（岁）了。
□ 你爸爸多大岁数了?
　　　　　　　　——五十三（岁）了。

□ 你家有几口人? ——五口人。
□ 你们班有多少学生?
　　　　　　　　——三十五个。

□ 一斤多少钱? ——十块钱。
□ 一块钱几个? ——三个。

□ 富士山（有）多高?
　　　　　　　　——3776 米高。
□ 从你家到学校（有）多远?
　　　　　　　　——五百米远。

□ 你做什么工作? ——我是公司职员。
□ 这是什么茶? ——乌龙茶。
□ 你坐什么车来的?
　　　　　　　　——我坐地铁来的。

□ 你弟弟在哪儿? ——在楼上。
□ 你住在日本的什么地方?
　　　　　　　　——我住在大阪。
□ 我的帽子呢? ——在床上呢。

□ 你是哪国人? ——我是日本人。
□ 哪本有意思? ——这本有意思。

□ 您贵姓? ——我姓张。
□ 他叫什么名字? ——他叫王明。
□ 那位是谁? ——李老师。

□ 去车站怎么走? ——一直走就到了。
□ 你怎么学的汉语?
　　　　　　　　——听广播学的。
□ 你为什么学汉语? ——因为我想去中国旅行。
□ 小张怎么没来? ——他病了。

□ 你身体怎么样? ——很好。
□ 他的汉语怎么样?
　　　　　　　　——说得很流利。

あいづちから その後の展開が予測できる

可不 kěbushì
（そうですとも）

不了 bù le
（いえ結構です：相手の誘いを婉曲に断る）

好是好 hǎo shì hǎo
（いいにはいいんだが）

那就这样 nà jiù zhèyàng
（ではそうしよう：話を決めるとき）

那还用说 nà hái yòng shuō
（言うまでもない）

可也是 kě yě shì
（それはそうね：理を認めて考えを改める）

算了 suàn le, 得了 dé le,
行了，行了 xíng le, xíng le
（もういいでしょう：相手にやめるよう勧める）

那当然 nà dāngrán
（当然ですよ）

不会吧 bú huì ba
（そんなまさか）

不像话 bú xiànghuà
（お話にならない）

第4部 会話散文問題

出題のねらい

- 多様な分野に関わる会話を聴いて正確に場面と内容を理解できるか。
- 幅広いジャンルの内容を聴いて，それぞれのジャンル特有の言い回しや表現スタイルを理解できるか。
- まとまった内容の話について，そのポイントをおさえ，その主旨を間違いなくとらえられるか。

テスト形式

会話問題は会話の内容を聴いてから，その内容に関する質問に答えます。散文問題はテレビ・ラジオ・車内放送などの耳から入ってくる少し長めの情報を聴き取り，その内容に関する質問に答えます。
どちらの問題も答えはA〜Dの選択肢から選びます。

◇問題用紙
　質問文と選択肢が文字で印刷されています。

◇出題数
　会話問題10問，散文問題10問の合計20問出題されます。

◇解答方法
　①テープと文字による指示があります。"第51題" dì wǔshiyī tí（第51問）と番号が読まれます。
　②会話もしくは文章が流れます。
　③問題文が終わると，その合図として信号音が鳴ります。
　④質問を読み，マークシートに答えを記入します。
　⑤第70問まで同じ要領で進みます。

◇解答時間
　問題文が読まれてから次の問題に移るまでの時間は，質問数によって変わります。およそ15〜30秒ほどです。

例題

Track6

中国語を聴いて、例題 15 の問いに対する最も適当な答えを A ～ D の選択肢から選び、その記号をマークしなさい。

例題 15. 男的要等多长时间？
  A　很长时间
  B　一会儿
  C　一个小时
  D　30 分钟

中国語を聴いて、例題 16 から例題 18 までの問いに対する最も適当な答えを A ～ D の選択肢から選び、その記号をマークしなさい。

例題 16. 这次列车的目的地是：
  A　广州
  B　武汉
  C　杭州
  D　上海

例題 17. 现在列车的情况怎么样？
  A　列车就要进站了。
  B　厕所不能用。
  C　列车员要查票了。
  D　列车员要来倒开水了。

例題 18. 要吃饭的人可以：
  A　买饭盒。
  B　买方便面。
  C　下车买。
  D　去餐车。

[会話散文問題]の音声

第 15 题

《音声》

女：你找谁？

男：我想找你们经理。

女：他正在给客户打电话，请稍等一下。

男：不知要等多长时间？

女：用不了多长时间。

第 16 题到第 18 题

《音声》

各位乘客：欢迎您乘坐由上海开往杭州的特快旅游列车。

现在我们将为大家供应开水。请各位准备好茶叶和杯子。想用餐的旅客请注意：餐车供应时间已过，现在车上备有各种方便面可供选购，列车员会送到各车厢，请您在座位上等候。

[会話散文問題] の語注

- ☐ 找 zhǎo　　　　　　探す，訪ねる
- ☐ 经理 jīnglǐ　　　　　支配人，社長
- ☐ 客户 kèhù　　　　　　取引先，顧客
- ☐ 稍 shāo　　　　　　少し，多少
- ☐ 不知～? bùzhī～　　～でしょうか，～だろうか
- ☐ 用不了 yòngbuliǎo　　必要としない，かからない
- ☐ 乘客 chéngkè　　　　乗客
- ☐ 开往 kāiwǎng　　　　～行き
- ☐ 供应 gōngyìng　　　　供給する
- ☐ 开水 kāishuǐ　　　　お湯
- ☐ 茶叶 cháyè　　　　　茶葉
- ☐ 杯子 bēizi　　　　　湯のみ，ティーカップ
- ☐ 用餐 yòngcān　　　　食事をする
- ☐ 餐车 cānchē　　　　　食堂車
- ☐ 备有 bèiyǒu　　　　　備えている
- ☐ 方便面 fāngbiànmiàn　即席めん
- ☐ 选购 xuǎngòu　　　　自由に選んで買う
- ☐ 列车员 lièchēyuán　　乗務員
- ☐ 车厢 chēxiāng　　　　車両，客車
- ☐ 送到 sòngdào　　　　送り届ける
- ☐ 座位 zuòwei　　　　　座席
- ☐ 等候 děnghòu　　　　待つ
- ☐ 进站 jìnzhàn　　　　駅に入る
- ☐ 查票 chápiào　　　　検札する
- ☐ 倒 dào　　　　　　注ぐ
- ☐ 饭盒 fànhé　　　　　弁当

[会話問題]の解答・解説

●解答15. 　B
[会社に社長を訪ねてきた男性と女子社員との会話]キーワードの"请稍等一下"（少々お待ちください），"用不了多长时间"（それほどかかりません）が聴き取れることが重要。"多长"には,疑問の意味と不定の意味がある。選択肢では"一会儿"yíhuìr（しばらく）に言い換えられている。正解はB。

[散文問題]の解答・解説

●解答16. 　C
[列車内のアナウンス]"由～开往～"（～から～へ向かう→～発～行き）という定型表現を知っていることが重要。"由"の後ろは出発地，"开往"のあとには目的地がくる。音声では"由上海开往杭州"と言っているので，Cの"杭州"Hángzhōuが正解。

●解答17. 　D
音声では"现在我们将为大家供应开水"（ただいまからお湯をお配りします）と言っている。"将"は「間もなく～しようとする」の意味で,話し言葉では"就要～了／要～了"に相当する。A，C，Dにこの文型が現れている。Aは「もうすぐ駅に着く」と言っているので間違い。Cは「検札に来る」，Dは「乗務員がお湯を注ぎに来る」と言っているので，Dが正解だとわかる。中国の列車ではお湯の無料サービスがあり，車掌が席まで注ぎに来る。

●解答18. 　B
音声では"餐车供应时间已过"（食堂車の営業時間は既に終了しました）と言っているので，Dの「食堂車に行く」は間違い。"已过"がポイント。それに続いて"现在车上备有各种方便面可供选购"（いま車内では各種の即席めんがお求めになれます）と言っているので，Bが正解だとわかる。Aの弁当のことや，Cの下車して買うことはアナウンスで何も触れていないので，どちらも間違い。

[会話散文問題] の和訳

例題 15. 　女：どなたをお探しですか。
　　　　　男：こちらの社長にお会いしたいのですが。
　　　　　女：社長はいまお客様に電話中ですので，少々お待ちください。
　　　　　男：どのくらい待たねばなりませんか。
　　　　　女：それほどかかりません。

　　　　問：男性はどのくらい待たなければならないか。
　　　　　　A　長時間
　　　　　　B　しばらく
　　　　　　C　1時間
　　　　　　D　30分

例題 16 〜 例題 18.
　ご乗車のお客様。上海発杭州行きの特別快速旅客列車にご乗車いただき，ありがとうございます。ただいまから，皆様にお湯をお配りします。茶葉とティーカップをご用意ください。お食事をなさりたいお客様に申し上げます。食堂車の営業時間は終了いたしました。いま車内では各種の即席めんがお求めになれます。乗務員が各車両までお持ちいたしますので，お席でお待ちください。
　問：

例題 16. 　この列車の目的地は。
　　　　　　A　広州　　B　武漢　　C　杭州　　D　上海

例題 17. 　いま列車の状況はどうか。
　　　　　　A　列車はもうすぐ駅に着く。
　　　　　　B　トイレは使えない。
　　　　　　C　車掌が検札しようとしている。
　　　　　　D　乗務員がお湯を注ぎに来る。

例題 18. 　食事をしたい人ができることは。
　　　　　　A　弁当を買う。
　　　　　　B　即席めんを買う。
　　　　　　C　下車して買う。
　　　　　　D　食堂車に行く。

話題をつかむ，ポイントを押さえる

第4部 ……… [会話散文問題]

　字幕なしで中国映画を楽しみたい，と誰もが思う。しかし画面があってもこれがなかなかむずかしい。映画に限らず，ネイティブスピーカーの会話を脇で聞いていて何を話しているのかわからないことがある。こんな場合，話題をつかむコツがある。それはまずキーとなる単語や慣用表現を聴き取って，それを手がかりに話題を推測すること。糸口がつかめれば，そこから会話の全貌があきらかになっていく。

　それには家庭内や買い物，郵便局や病院など限られた場面内で頻繁に使われる言葉を知っておくことがまず必要である。

　また言葉は単に用件を伝えるだけのものではない。人が何かを言う時，その言葉には相手に対する話し手の気持ちや態度が伴う。やわらかく遠回しな言い方の底にある真意が理解できることも必要になる。

　聴き取る中国語は会話とは限らない。中国へ向かう飛行機の中に始まり，待合室，列車，劇場の中などではさまざまな案内や注意のアナウンスが流れる。またレセプションや歓迎会では中国語でスピーチが述べられ，ラジオやテレビからはニュースや天気予報，コマーシャルなどが流れてくる。これらの中から必要な情報を正確に聴き取ることができないとすれば，中国での生活はずいぶんと不自由なものになる。

　「いつ，どこで，誰が，何を，どのように」が大事な情報。ポイントを押さえて聴き逃さないようにしよう。

ポイント

①聴けばすぐに場面を想定できる言葉を覚える
　例えば買い物の場面でよく使う"论斤卖" lùn jīn mài（量り売りする），"打八折" dǎ bā zhé（2割引する），"少算一点儿" shǎo suàn yìdiǎnr（少し負ける），"开发票" kāi fāpiào（領収書を出す）など。

②言い換え表現を覚える
　時間や場所など重要な情報は，別の言い方で相手に念を押したり，別の表現で認識・記憶することもよくある。例えば"两点三刻" liǎng diǎn sān kè を"差一刻三点" chà yí kè sān diǎn と，"国庆节" Guóqìngjié を"十一" Shíyī と，"光明公司的张明" Guāngmíng gōngsī de Zhāng Míng を"我的同事" wǒ de tóngshì とするなど。

③アナウンスやスピーチの決まり文句や定型表現を覚える
　重要な情報は決まり文句の中にではなく，他の部分すなわち時間・場所・

人名, 許可や禁止などにある。さして重要でない決まり文句にかかずらわったり, 定型表現につまずいて必要な情報を聴き逃さないためにも, これらをまず覚えてしまおう。

例えば"欢迎各位光临" huānyíng gèwèi guānglín（皆様のご光臨を歓迎いたします）, "请再一次鼓掌" qǐng zài yí cì gǔzhǎng（今一度拍手を）, "感谢各位合作" gǎnxiè gèwèi hézuò（ご協力ありがとうございました）, "为～而干杯" wèi~ér gānbēi（～のために乾杯）, "让我们一起～吧" ràng wǒmen yìqǐ~ba（一緒に～しましょう）など。

④説明や理由などを表すのによく用いられる表現を聴き取る

"和～相比" hé~xiāngbǐ（～と比べて）, "A不如B" A bùrú B（AはBに劣る）, "不是～而是～" bú shì~ér shì~（～ではなく～だ）, "所谓～就是～" suǒwèi~jiù shì~（いわゆる～すなわち～）, "因为～所以～" yīnwèi~suǒyǐ~（～なので）, "是因为～而引起的" shì yīnwèi~ér yǐnqǐ de（～によって引き起こされたものだ）など。

これは知っ㊙

●婉曲表現
◇即答を避ける
　研究研究 yánjiūyanjiu（検討してみる）
　让我考虑考虑。Ràng wǒ kǎolùkaolü.
　（考えさせてください）
　改天再说吧。Gǎi tiān zài shuō ba.
　（日を改めて相談しましょう）
　说不定 shuōbudìng（はっきり言えない）
◇あいまいな評価をする
　马马虎虎 mǎmǎhūhū（まあまあだ）
　不怎么样 bù zěnmeyàng
　（あまりよくない, 大したことない）
　还行／还可以 hái xíng／hái kěyǐ
　（悪くない）
　凑和 còuhe（なんとか間に合う）
◇柔らかく断る
　怕是没有什么希望。
　Pà shì méiyou shénme xīwàng.
　（恐らく期待できません）
　我是心有余而力不足呀。
　Wǒ shì xīn yǒu yú ér lì bù zú ya.
　（助けたいのはやまやまですが, 力不足です）
　恐怕帮不上你什么忙。
　Kǒngpà bāngbushàng nǐ shénme máng.
　（お手伝いできる力がありません）
◇意見を保留する, あいまいにする
　随你的便吧。Suí nǐ de biàn ba.
　（あなたに任せます）
　你就看着办吧。Nǐ jiù kànzhe bàn ba.
　（あなたの判断に任せます）
　怎么都行。Zěnme dōu xíng.
　（どっちでもいい）
　无所谓。Wúsuǒwèi.
　（気にしない, どちらでもよい）

TECC リスニング問題の攻略法

関西大学教授　山崎直樹

　リスニング問題を解くのに重要な知識・能力は次の3つです。すなわち、（A）語彙を知っている、（B）音に慣れている、（C）音を聞いてメッセージの内容を推測できる、です。以下では、上記の（A）（B）（C）を身につけるためにどんな訓練をしたらよいかを説明しましょう。

（A）語彙を知っている

　ある音の連続を聞いて、「m, in, 第2声」「zh, u, 第3声」とピンインで書き取ることができても、その mínzhǔ という音がどんな言葉なのか知らなければ、意味はわかりません。ですから、聞いて意味がわかるようになるためには、語彙をたくさん覚えることが必要です。

　では、教科書に出てきた単語を順番に覚えていく？……でもだいたい「単語を覚える」とは、どういうことでしょう？何ができたら、その単語を「覚えた」と言えるのでしょう？

　結論を言います。「語彙を覚える最良の方法は、その語彙を使ってみること」です。その語彙を使えなければ、ほんとうに覚えたことにはなりません。あらゆる機会を探して、いろいろな言葉を使いましょう。それがその言葉を脳に定着させることに繋がります。「その言葉を覚えようとしている時よりも、その言葉を使って何かをしようとしている時のほうがよく覚えられる」と言われています。「読む、聞く」と「書く、話す」はこんなところで繋がっているのですね。

（B）音に慣れる

　音に慣れるためには、中国語の音を注意深く聞くことが大切です。でも、静かな部屋で、じっと教材の CD の音に耳を傾けても、注意深く聞いたことにはなりません。というのは、「何に注意していいのかわからない」時には、人は注意深くなれないからです。逆に言えば、その音を聞いて何かしないといけないということが前もって決まっている時には、注意深く聞くことができます。

　「何かをする」とは？……例えば、シャドウイングなどです。聞いた音を忠実に繰り返さなければいけない時には、その音を注意深く聞くことができます。そのような課題がなければ、音にだけ集中することは難しいものです。

（C）音を聞いてメッセージの内容を推測できる

　まず、中国語の映画の字幕を出したり消したりできる DVD を用意します。字幕なしで1シーン見ます。だいたいどんな内容の場面だったか、声に出して呟いてみましょう。その後、字幕を付けて同じ場面を見ます。場面の内容を把握したあと、もう1度

字幕を消して見ます。このように「推測」と「検証」のサイクルを繰り返すと、推測能力が高まります。

　もっと易しいレベルの練習方法もあります。こちらは、CD付きの易しい教科書と中国語を勉強している友人を使います。

　友人に、教科書の本文をコピーしてもらい、重要だと思われる語彙を塗りつぶしてもらいます。あなたは、その墨塗りだらけのコピーを眺め、そこにどんな語句が入るのか推測します。ある程度推測できたら、音を聞き、墨塗りの部分を書き取ります。だんだん墨塗りの部分を長くするとよいでしょう。友人が望むなら、友人にも同じような問題を作ってあげるとよいでしょう。

　ついでながら、「協同学習」は学習効果を高めることが知られています。志を同じくする仲間を作れるといいですね。

受験者の声

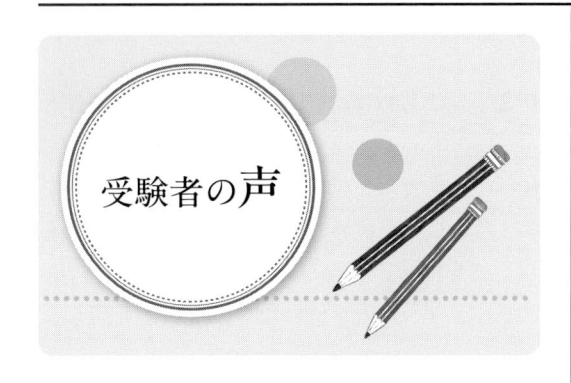

これからは中国語が必要な時代になる
（女子大学生　R.N さん）

　英語はできて当たり前，これからは中国語が必要とされる時代になる，と思って学習を始めました。将来は中国語を使った仕事に従事したいと考えています。TECC の受験は初めてでしたが，リスニングを重視している試験ということがよくわかりました。試験の内容は日常生活でよく使われる単語，中国，国際社会の出来事などの話題を取り上げていますので，学校の授業だけではなく，世の中の動きも学んでいかなければいけないと痛感しました。これからも勉強の励みとして，また自分の実力をはかるためも TECC を受験したいと思います。

TECC で弱点を発見し次の学習に活かす
（女子大学生・A.K さん）

　中国語を始めたきっかけは，NHK のドラマ「大地の子」を見て感動し，その主役である上川さんが，あるトーク番組において短時間で中国語を習得したお話をしていたのを聞いたからです。TECC は，1 年生の時に先生のお勧めで初めて受験しました。友だちには「もう少し勉強してから受けよう」という人も多かったですが，私は受験してよかったと思います。TECC を受けることで，自分の弱点がわかって次の目標を立てやすく，勉強の弾みにもなっています。まずはチャレンジを！

将来も中国語をフルに活用したいと思います
（大学生・T.T さん）

　TECC の問題は本質を突いていて，自分の能力を客観的に見直すにはもってこいだと思います。今後のスコアの推移が，実際に使ってみての感触とシンクロしているかどうかも楽しみですね。協賛企業が多いことも心強い。もっと精進して，将来は中国語を活かせる進路につきたいと考えています。

日々の努力がスコアに反映される
（主婦・N.K さん）

　私は大学の第二外国語に始まり，中国留学，中国旅行，NHK テレビ・ラジオ，中国の友人との文通など，いろんな方法で中国語を学習してきました。TECC のスコアアップの秘訣は，学習方法や環境よりも，自分の気持ちを高めていくことです。TECC は，自分の実力を客観的に判定してくれるから，第 1 回から第 6 回まで続けて受験しました。その間，スコアは上がったり，下がったり。その時々の努力具合がはっきりとスコアに現れてしまうのです。ですから毎日コツコツ努力できるように，いかに自分自身をコントロールできるかが大切です。そして現在は，どうしたらリスニング力を伸ばしていけるか試行錯誤しています。

将来の社内キャリアアップに生かしたい
（会社員・I.H さん）

　スクールで TECC のことを聞き，自分のレベルが知りたくて受験しました。趣味で始めた中国語ですが，将来は仕事にも生かしたいので，会社に提出できる資格も必要ですし，私としては「話せる」だけでなく，もっと自由に「言いたいこと」をすらすらと表現できるようになるのが目標です。スコアが学習の励みになりますね。

リーディング問題

　TECCの問題パターンのうち，後半のリーディング問題4パターンを取り上げます。
　リーディング問題は45分間で70問出題されます。テープ主導のリスニング問題と違い，リーディング問題では受験者各自が時間配分に留意する必要があります。各問題パターンの例題を解いてみて，どのパターンの問題にどのくらい時間を割くかという目安を立てておくことも必要です。
　本書では以下に示すように，4つのリーディング問題をパターンごとに分け，合計20問を例題として掲載しています。
　「出題のねらい」も参考にしながら，これまで身につけてきた知識の再整理を行ってみてください。

TECCの問題構成

●リーディング問題（45分間）

問題パターン	出題数	本書での例題数
第5部　語順問題	10	5
第6部　補充問題	20	9
第7部　語釈問題	20	4
第8部　読解問題	20	2

第5部 語順問題

出題のねらい

- 副詞や介詞（前置詞）・疑問詞・助動詞といった機能語の性質が理解できているか。
- 修飾語と被修飾語の位置関係を把握できているか。
- 特定の語が位置を変えることによって引き起こされる意味変化に敏感であるか。
- 文を一読してみて，正しい文か否かがただちに識別できるか。

テスト形式

第5部からリーディング問題です。それぞれの語句を後の文中に挿入する場合に，最も適当な位置を選択肢A～Dから選びます。

◇問題用紙

問題と選択肢が印刷されています。

◇出題数

10問出題されます。

◇解答形式

冒頭の語句を後の文中に挿入する場合，A～Dのどの位置が最も適当かを考え，その記号をマークします。

◇解答時間

リーディング問題全体で45分です。［語順問題］は5分以内に終えるようにするとよいでしょう。

例題

例題19から例題23まで，それぞれの語句を後の文中に挿入する場合に，最も適当な位置をA～Dの中から選び，その記号をマークしなさい。

例題19.
多：这个故事 A 比 B 刚才那个 C 有意思 D 了。

例題20.
便：老师讲完以后 A 把他们 B 领到 C 美术馆里 D 去。

例題21.
由：A 这种洗衣机的洗涤程序 B 全部 C 电脑 D 自动控制。

例題22.
连：A 这种商标 B 我 C 听 D 都没听说过。

例題23.
了：三年前我在 A 中国旅行 B 的时候买 C 几本汉语词典 D。

[語順問題]の解答・解説

●解答　19．D
[補語となる形容詞"多"]"比"を用いた比較文である。"多"duōが入る可能性があるのはCかDである。A，Bは問題にならない。Cは"多有意思了"で「なんと面白いことだろう」という感嘆文になるが，この文全体が比較文という制約下にあるために非文法的である。比較文の述部では副詞も"还"や"更"を使い，"很"は不可であることを想起されたい。正解はDで，"有意思多了"で「(比べてみると，こっちの方が)ずっと面白い」の意味。"多"は形容詞の後に補語として付き「ずっと～だ」という比較の意味を表す。

●解答　20．A
[副詞"便"]副詞"便"biànは"就"の書面語であり，意味は"就"とほぼ変わらない。"便"を"就"に置きかえることができる。副詞は一般に動詞・形容詞の前に置かれるが，問題文では"把"構文が使われている。この"便"は副詞であるが，前節を受け接続の働き(「～するやすぐに」)があり，"把"の前に置かれる。"老师讲完以后便～"とつながり，「先生は説明し終わると(すぐ)～」という意味になる。したがって正解はA。

●解答　21．C
[介詞"由"]"由"yóuは動作の主体を導く介詞である。中国語では，介詞は名詞の前に置かれ[介詞＋名詞]で介詞フレーズを作り，これが後の動詞にかかってゆく。文中の動詞は"控制"(コントロールする)であり，"自动"(自動的に)は"控制"を修飾している。洗濯機の洗いの手順は"电脑"(コンピュータ)が動作主となって自動制御する。したがって"电脑"の前に"由"がくる。正解はC。

●解答　22．C
[呼応構文"连～也／都"の"连"]"连～也／都"は「～さえも，～までも」という意味を表す構文である。よく使われるものに["连"＋名詞＋"也／都"]"连我都知道"(私でさえ知っている)と["连"＋動詞＋"也／都"](あとに必ず否定形が続く)]"连看也不看"(見ようとさえしない)の2つのタイプがある。問題文では"连听都没听说过"(聞いたことさえない)と動詞"听"が取り立てられているタイプで，正解はC。

●解答　23．C
[助詞"了"]"了"は動詞の後につくアスペクトの"了"と，文末に置く語気助詞の"了"の2つがある。問題文で"了"が入る可能性があるのはB，C，Dである。Aの"在"は介詞なので問題にならない。Bは"的"を介して名詞を修飾するので，一般にこういう場合は"了"を入れない。結局，CかDで悩むことになる。[動詞＋目的語]で

目的語に数量詞がついていれば，動詞に"了"をつけるのが鉄則である。すなわち"买了一本词典"のようになる。この時，文末にも"了"をつけて"买了一本词典了"とすることもできるが，動詞の後の"了"を省き"买一本词典了"とはできない。よって正解はC。

[会話散文問題]の和訳

例題19.
　ずっと～だ：この物語は，さっきのよりずっとおもしろい。

例題20.
　すぐに：　先生は説明し終わると，すぐに彼らを美術館の中へ連れて行った。

例題21.
　～により：この洗濯機の洗浄過程は，すべてコンピュータにより自動制御されている。

例題22.
　～さえも：このブランドは私は聞いたことさえない。

例題23.
　～た：　3年前私が中国を旅行したとき，何冊か中国語の辞書を買った。

作文の基本は言葉の順序

第5部 ……… [語順問題]

　中国語で伝言を書く。メモを書いて渡す。手紙を書いて出す。あるいは会う前にあらかじめ言いたいことを頭の中に用意する。これらのコミュニケーションにおいて求められるのが作文の力。

　作文では，まず第一に日本語や英語などにまどわされず，中国語のルールにのっとって言葉を並べられることが要求される。日本語や英語と同じ並びをするフレーズもあれば，違う並びになるフレーズもある。そこをしっかり押さえておく。

　語順問題に強くなるには，まずできるだけ多くの中国語を聴き，くりかえし音読する。そうすると自然と正しい語順の中国語が身に付き，おかしな中国語に出会った時に違和感を覚えるようになる。この段階で文法書を開いて確認し，頭を整理するのが効果的である。

　テニヲハの無い中国語では，語順がその代わりをする。"我"が主語の位置にあれば「私ハ」であり，目的語の位置にあれば「私ヲ」となる。文のルールにのっとった上で，副詞など文中での位置を変えたり，順番を入れ替えると文の意味が変化するものもある。

　語の並びは正しい文をつくるという基本に関わるだけでなく，微妙なニュアンスを表現する手段にもなる。語順は作文の基本である。

ポイント

①固定した語順を把握する

　修飾語は被修飾語の前，補語は述語の後ろというのが基本的な語順。

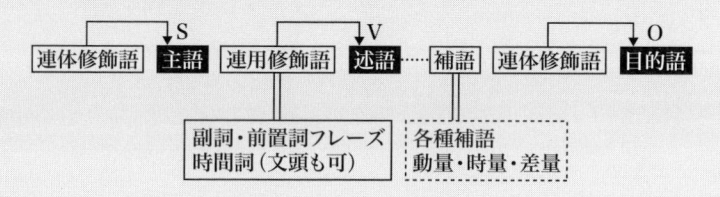

　連体修飾語 → **主語**(S) ／ 連用修飾語 → **述語**(V) ……補語 ／ 連体修飾語 → **目的語**(O)

　副詞・前置詞フレーズ　時間詞（文頭も可）　　各種補語　動量・時量・差量

②否定辞などの位置に注意する

　処置式の"把"構文，受け身を表す"被"構文，「～させる」の兼語文での副詞や助動詞の基本的位置を確認する。また"是～的"構文(1)と(2)で否定のしかたが異なる点にも注意。

"把"構文：我**也没**把词典带来。（私も辞書を持ってこなかった）
"被"構文：我的手**没**被开水烫伤。（私の手は熱湯でやけどしなかった）
兼語文：他病了，你**不应该**叫他去。
　　　　（彼は病気なので，あなたは彼を行かせるべきでない）
"是～的"構文(1)：他**不**是去年毕的业。（彼は去年卒業したのではない）
"是～的"構文(2)：他是**永远不会**忘记过去的。
　　　　（彼は永遠に過去を忘れることはない）

これは知っ得

●時間を表す言葉の位置

◇時点・時刻

你什么时候去上海?
（いつ上海に行きますか）
——明年四月。
（来年4月です）
比赛几点开始?
（試合はいつ始まりますか）
——下午两点开始。
（午後2時に始まります）
你是几几年生的?
（あなたは何年生まれですか）
——八六年生的。
（86年生まれです）

◇時間の長さ

(i)你在北京住过多长时间?
（あなたは北京にどのくらい住みましたか）
——住过三年。
（3年住みました）
你每天学几个小时汉语?
（毎日何時間中国語を勉強しますか）
——每天学两个小时。
（毎日2時間します）
他去旅行去了两个星期。
（彼は2週間旅行した）
他已经毕业五年了。
（彼は卒業してもう5年になる）
她刚来日本三个月。
（彼女は日本に来てまだ3ヶ月だ）

(ii)我一年去两次中国。
（私は1年に2回中国に行く）
她一天睡八个小时觉。
（彼女は1日8時間寝る）

他一个月看两次电影。
（彼は1ヵ月に2回映画を見る）
爸爸一次给孩子十块钱。
（お父さんは一度に子供に10元あげる）

語順によって意味が違う

都不是苹果（全部リンゴでない）
不都是苹果（全部がリンゴではない）

很不认真
（非常にふまじめだ）
不很认真
（非常にまじめなわけではない）

他不在家喝啤酒
（彼は家ではビールを飲まない
　　　　　　　　→ 外では飲む）
他在家不喝啤酒
（彼は家でビールは飲まない
　　　　　　　　→ ワインは飲む）

也不好
（やはり良くない）
不也好
（良いではないか〈反語〉）

我晚来了
（私は遅めに来た　→ 意図的に）
我来晚了
（私は遅くなってしまった
　　　　　　　　→ 後悔や謝罪の念）

第6部 補充問題

出題のねらい

- 名詞・動詞・形容詞・四字成語の基本的な意味を理解しているか。
- 量詞・介詞（前置詞）・副詞・助動詞・語気助詞などを適切に使えるか。
- さまざまな補語の意味と用法を理解しているか。
- 定型呼応形式の意味と用法を理解しているか。
- 総合読解力を問う。具体的には主に以下の3点。
  ① 構文解析力：文の構造および呼応形式などを見抜く力。
  ② 語彙力："盖房子""吃药"など単語の組み合わせをも含む語彙力。
  ③ 定型文理解力：手紙・契約書・掲示など定型書面語の理解力。

テスト形式

［補充問題］では1文に空所が1ヶ所あります。4つの選択肢から，空所に挿入するのに最も適切な語を選び，記号をマークします。［総合補充問題］では，あるまとまった文章の中に空所が4ヶ所あり，それぞれ4つの選択肢から空所に挿入するのに最も適切な語を選びます。

◇問題用紙
　空所がある文と4つの選択肢が印刷されています。

◇出題数
　1文に空所が1ヶ所ある問題が12問，文章中に空所が複数ある問題が2問（これで8つの空所を埋める）の計20問です。

◇解答形式
　各問の文の空所に挿入する語を4つの選択肢A～Dから選び，解答欄に記号をマークします。

◇解答時間
　リーディング問題全体で45分なので，［補充問題］は10分以内に終えるようにするとよいでしょう。

例題

例題24から例題27までの（　）に挿入する語句として，最も適当なものをA～Dの選択肢から選び，その記号をマークしなさい。

例題24　经理把小伙子上下打量了（　）说："明天来工作吧。"
　　　　A　一番　　　B　一趟　　　C　一点儿　　　D　一次

例題25　他（　）走了一会儿，你找他有事吗?
　　　　A　马上　　　B　还　　　　C　才　　　　　D　就

例題26　我们要把这些人吸收（　）。
　　　　A　上去　　　B　进来　　　C　出来　　　　D　下去

例題27　我的手提包装不（　）这本辞典。
　　　　A　下　　　　B　好　　　　C　动　　　　　D　上

[補充問題]の解答・解説

●解答　24.　A
[動量詞を選ぶ] 動詞"打量"dǎliang（人の身なりや外見などを観察する）に続く動量詞はAの"一番"yì fān が適当。"一番"は一定の過程を経る動作を数えるのに用いられる。"趟"は往復する動作に使う。

●解答　25.　C
[副詞を選ぶ] "一会儿"yíhuìr は「わずかの間」，"走了一会儿"（出かけてわずかの間）と続いているので，Cの"才"cái（〜したばかり）を選び，「彼は少し前に出かけたばかりだ」と文意を通す。

●解答　26.　B
[方向補語を選ぶ] "吸收"という言葉自体「外から内へ」という方向性をもっている。この言葉と結びつくのは「（外から内へ）入ってくる」という意味の"进来"。"吸收进来"で「仲間に迎え入れる」意味となる。方向補語のこうした派生義の理解はポイントの1つである。

●解答　27.　A
[補語を選ぶ] "手提包"（手提げカバン）という言葉があるので，動詞"装"zhuāng は「（容器などに）入れる，収める」の意味とわかる。"下"は補語となって，ある場所に「収容する」ことを表す。

[補充問題]の和訳

例題24.　社長は若者を上から下まで眺めて言った。「明日仕事に来なさい」
　　　A　ひととおり　　　B　1度
　　　C　少し　　　　　　D　1回

例題25.　彼は少し前に出かけましたが，彼に何か用事ですか。
　　　A　ただちに　B　まだ　C　したばかり　D　すぐ

例題26.　私たちはこれらの人々を受け入れなければならない。
　　　A　上ってくる　　　B　入ってくる
　　　C　出てくる　　　　D　下りていく

例題27.　私の手提げカバンにはこの辞典は入りません。
　　　A　収容する　　　　B　良い状態になる
　　　C　動かす　　　　　D　達成する

例題

例題 28 から例題 32 までの（ ）に挿入する語句として最も適当なものを，それぞれ（ ）内の番号に対応する A～D の選択肢から選び，その記号をマークしなさい。

北京建行个人住房抵押贷款

　　个人买房子到哪里去申请贷款？建设银行北京分行 1995 年 8 月 1 日首家（ 28 ）一种住房储蓄，想买房子的人（ 29 ）参加了这种储蓄并达到一定储额，就可以提前住上房子，然后（ 30 ）还钱。这种为本市城镇居民申请个人购房抵押贷款的专项储蓄，将为那些想尽快购房而资金又不足的居民（ 31 ）便利。

　　这种住房储蓄业务在北京建行所属的（ 32 ）一家储蓄所或储蓄柜台均可办理。储户申请个人抵押贷款，必须具备以下几个条件：……

例題 28 　A　推出　　B　公出　　C　展出　　D　特出

例題 29 　A　只有　　B　只是　　C　只能　　D　只要

例題 30 　A　又　　　B　还　　　C　再　　　D　只

例題 31 　A　提高　　B　提供　　C　提交　　D　提升

例題 32 　A　奈何　　B　几何　　C　如何　　D　任何

[総合補充問題]の解答・解説

●解答　28.　A
[動詞を選ぶ] 新製品や新しい作品などを世に送り出すのが"推出"tuīchū，例："公司今年推出了两次新产品"（会社は今年2度新製品を発表した）。"抵押"dǐyā（抵当に入れる）や"贷款"dàikuǎn（金銭を貸し付ける，ローン）などの語彙も押さえておきたい。正解はA。

●解答　29.　D
[呼応構文を選ぶ] ここは長い文なので全体を眺めること。すると，問題文は"～，就可以～"と続くので，"就"と呼応するDを選ぶ。D"只要～就"zhǐyào~jiù は「～でありさえすれば」という条件を表す。まぎれやすいのがA"只有～才"zhǐyǒu~cáiで「であってはじめて」。"只有"の後が唯一の条件であることを示す。

●解答　30.　C
[副詞を選ぶ] 「また」という意味を表す中国語の副詞"又""还""再"は区別して覚えよう。"又"は"又来了"（また来た）のように既に実現済みのことを言う。"还"は「その上，さらに，まだ」と輪をかけてたたみかける用法で"还要吗？"（これ以上，さらに欲しいのか）と使う。"再"は一般に「これから先」のことに用いる。"再"はもう一つ，"先～然后再～"（まず～して，それから～）という用い方があり，ここではこの用法。問題文では"先"は現れていないが，Cが正解。

●解答　31.　B
[動詞を選ぶ] 選択肢は，A"提高"tígāo（高める），B"提供"tígōng（提供する），C"提交"tíjiāo（提出する），D"提升"tíshēng（地位を上げる）。ここでは，よく結びつく動詞と目的語の相性を知っていなければならない。"提供"は"线索 xiànsuǒ／条件 tiáojiàn／信息 xìnxī／数据 shùjù"などとの組み合わせが多い。"提供便利"で「便宜を提供する」となる。他は"便利"と結びつかない。正解はB。

●解答　32.　D
[呼応構文を選ぶ] 選択肢は，A"奈何"nàihé（どうしたものか），B"几何"jǐhé（いくばく），ともに書面語で古めかしい表現。C"如何"rúhé（どうであるか）は"怎么样"zěnmeyàng と同じような意味で，あとに語が続く時は"如何解决"~jiějué（どのよう

に解決するか）のように動詞がくる。問題文では名詞がきており、Dの"任何"rènhé（いかなる）ならあとに名詞がくる。これは["任何"＋名詞＋"也／都"〜]（いかなる〜も〜）と呼応して用いられる。問題文では書面語の"均"jūn（＝都）と呼応している。正解はD。

[総合補充問題]の和訳

北京建設銀行の個人住宅担保付貸付

　個人で家を買うには，どこに行って貸付を申請すればよいのだろう。建設銀行北京支店は1995年8月1日，業界ではじめてマイホーム貯蓄を売出した。家を買いたい人は，この貯蓄に加入し，預金が一定額に達しさえすれば，予定より早く入居でき，返済は後まわしにすることができる。都市の住民が個人で住宅購入の担保付貸付を申請するための，こうした専用貯蓄制度は，早く家を購入したくても資金が不足している住民に便宜を提供することになろう。

　このマイホーム貯蓄業務は，北京建設銀行に所属する，どの預金所または預金カウンターでも取り扱っている。預金者が個人で担保付貸付を申請するには，以下のいくつかの条件を備えていなければならない。

第6部 [補充問題]

適切な言葉を選んで使う

　同じ楽器でも，太鼓は「たたく」であって「弾く」ではない。橋は「架ける」とは言うが「建てる」とは言わない。鳥は「1羽」「2羽」で数え，「1匹」「2匹」はおかしい。名詞にはそれに合った動詞や助数詞が使われる。中国語でも事情は同じ。「線をかく」は"画线"であって"写"は使わない。"猫"は"只"で数え，犬を数える"条"は使われない。同じようなモノだからといって，同じ動詞や量詞と組み合わさるとは限らない。組み合わせを間違えると，おかしな中国語や通じない中国語になってしまう。

　単語はそれ一つで覚えても使えない。フレーズで覚えるようにする。"打电话"（電話をかける），"接电话"（電話に出る），"挂电话"（電話を切る），"赶快打"（急いでかける），"给他打"（彼にかける），"往中国打"（中国にかける），"在家打"（家でかける），"打错了"（かけ間違えた），"打不通"（かからない），"打了两次"（2度かけた）等々。

　形容詞フレーズや名詞フレーズにもおなじことが言える。正しい組み合わせを覚えておけば，似たような言いまわしから適当な1つを選択する問題でも悩まない。結果補語や方向補語の派生義も動詞とひとまとめで覚えてしまうとよい。

　長文の補充問題では，よく読んで節と節の関係をつかみ，適当な接続詞や副詞を選ぶ。補充問題も中国語を使って表現する力をはかる問題である。

ポイント

①量詞・介詞（前置詞）・副詞などの機能語に強くなる。

　量詞は名詞や動詞とだき合わせて覚える。"一场病"，"一批货"，"一顿饭"，"解释了一番"，"想了一阵"などができれば上級レベル。前置詞は時間的へだたりの"离"，移動する方向の"往"，向かう方向の"朝"などの違いを押さえる。副詞は"他才进门，电话铃就响了"などの"刚"の意味の"才"や，"你有意见尽管提吧"の"尽管"（かまわずに）などが使えれば上級レベル。

②結果補語・方向補語・可能補語などの補語をマスターする。

　結果補語では視覚・聴覚・嗅覚などで「感じとる」ことを表す"见"の意味を押さえ，これと結びつく数少ない動詞の類"看／听／梦／瞧／望／闻"などと合わせて覚える。方向補語は"穿上大衣"や"留下姓名"，"收起来"などの派生義に注目する。結果・方向補語の意味がわかれば可能補語も理解しやすい。

これは知っ得

●よく使う介詞

从：从家到学校要走十分钟。
　　（家から学校まで歩いて10分かかる）
离：我家离公园很近。
　　（家は公園から近い）
往：一直往南走，就是车站。
　　（まっすぐ南へ行くと駅です）
给：我常常给父母打电话。
　　（私はよく両親に電話をする）
跟：我不跟他结婚。
　　（私は彼と結婚しない）
替：姐姐，你替我做作业吧。
　　（姉さん，私のかわりに宿題やって）
对：老师对我们很好。
　　（先生は私達にとてもよくしてくれる）
为：为我们的友谊干杯！
　　（我々の友情に乾杯！）

●組み合わせ連語を覚えよう

☐ 包饺子　bāo jiǎozi（ギョーザを作る）
☐ 背课文　bèi kèwén（本文を暗誦する）
☐ 查词典　chá cídiǎn（辞書を引く）
☐ 打的　dǎdí（タクシーに乗る）
☐ 打球　dǎqiú（球技をする）
☐ 打伞　dǎ sǎn（傘をさす）
☐ 打太极拳　dǎ tàijíquán（太極拳をする）
☐ 点菜　diǎn cài（料理を注文する）
☐ 度假　dùjià（休日を過ごす）
☐ 堆雪人　duī xuěrén（雪だるまをつくる）
☐ 发传真　fā chuánzhēn（ファックスを送る）
☐ 放暑假　fàng shǔjià（夏休みになる）
☐ 逛商店　guàng shāngdiàn（お店をぶらつく）
☐ 画地图　huà dìtú（地図を書く）
☐ 系领带　jì lǐngdài（ネクタイをしめる）
☐ 开车　kāichē（車を運転する）
☐ 开电灯　kāi diàndēng（電気をつける）
☐ 开药方　kāi yàofāng（処方箋を書く）
☐ 看家　kānjiā（留守番をする）
☐ 骑车　qí chē（自転車・バイクに乗る）
☐ 晒太阳　shài tàiyáng（日に干す）
☐ 烧开水　shāo kāishuǐ（お湯をわかす）
☐ 收拾屋子　shōushi wūzi（部屋をかたづける）
☐ 刷牙　shuā yá（歯を磨く）
☐ 谈恋爱　tán liàn'ài（恋をする）
☐ 踢足球　tī zúqiú（サッカーをする）
☐ 填表　tián biǎo（記入する）
☐ 梳头　shūtóu（髪をとかす）
☐ 洗脸　xǐ liǎn（顔を洗う）
☐ 洗照片　xǐ zhàopiàn（現像・焼き付けをする）
☐ 修马路　xiū mǎlù（道路をつくる）
☐ 养狗　yǎng gǒu（犬を飼う）
☐ 养花　yǎng huā（花を育てる）
☐ 找钱　zhǎoqián（おつりを出す）

"～上"と"～下"

◇"～上"は目標の実現・達成やことの始まりなどを表す
　喜欢上（好きになる）
　快穿上衣服（早く服を着なさい）
　住上了新房子
　　（新しい家に住むようになった）
　考上大学（大学に合格する）
　又喝上酒了（また酒を飲み始めた）

◇"～下"は動作の完結や収容することを表す
　留下姓名（名前を書き残す）
　能坐下四个人（4人座ることができる）
　传下一道命令（命令が伝わる）
　脱下皮鞋（革靴を脱ぐ）
　结下友情（友情を結ぶ）

第7部 ……… 語釈問題

> 出題のねらい
> - 日本人が間違えやすい単語や熟語の意味を問う。
> - 文字面からは意味がすぐには分らない，あるいは誤解しやすいものを正しく理解しているか。
> - 文全体から語句の意味をある程度類推できるか。
> - 類似表現や類義語を弁別する力があるか。
> - 最近の中国事情を反映するような時事的語句に対する理解力があるか。

テスト形式

［語釈問題］では，各文の語句1ヶ所に下線が引いてあります。下線部の語句の意味として最も適当なものを選択肢A～Dから選び，記号をマークします。

◇問題用紙
　語句1ヶ所に下線が引いてある問題文と選択肢A～Dが印刷されています。

◇出題数
　20問出題されます。

◇解答形式
　下線部の語句の意味として最も適当なものを選択肢A～Dから選び，解答欄に記号をマークします。

◇解答時間
　リーディング問題全体で45分なので，［語釈問題］は10分ぐらいを目安に終えるようにするとよいでしょう。

例題

例題33から例題36までの文中の下線部の語句の意味として最も適当なものを、A～Dの選択肢から選び、その記号をマークしなさい。

例題33.
现在有技术的人很吃香。
A　有朋友　　B　有自信　　C　受欢迎　　D　有能力

例題34.
这里是会议代表们休息的地方，外人不要进去。
A　外部人　　B　外地人　　C　外国人　　D　外族人

例題35.
又让您破费了，真不好意思。
A　辛苦　　B　费时间　　C　花钱　　D　操心

例題36.
他最大的毛病就是胆子小。
A　缺点　　B　烦恼　　C　疾病　　D　孩子

[語釈問題]の解答・解説

●解答　33.　C
[形容詞の意味] 語釈問題の選択肢は下線の語句の意味の説明であって，下線の語句と文法的に置き換え可能かどうかは判断の基準にはならない。そしてその選択肢は，意味としてどれもが問題文の文脈にあてはまりそうなものばかりが並べられている。この問題のB，C，Dはいずれも"很"の後ろにくることができる。

　　A　有朋友　yǒu péngyou　　友人がいる
　　B　有自信　yǒu zìxìn　　　　自信がある
　　C　受欢迎　shòu huānyíng　　歓迎される
　　D　有能力　yǒu nénglì　　　　能力がある

"吃香"chīxiāngは「歓迎される，もてはやされる」という意味。"受欢迎"は[動詞＋目的語]構造だが，ひとまとまりで形容詞のように働く。"吃香"のように，漢字の字面からは容易に意味が推測できないものがよく出題される。

●解答　34.　A
[名詞の意味] 選択肢は次の4つである。

　　A　外部人　wàibùrén　外部の者　　　B　外地人　wàidìrén　よその土地の者
　　C　外国人　wàiguórén　外国人　　　　D　外族人　wàizúrén　他の民族

"外人"wàirénは「（ある集団・グループ外の）部外者／親族友人以外の人」。問題文では「会議の代表者たち以外の人」という意味。外国人の意ではない。正解はA。

●解答　35.　C
[動詞の意味] この問題の「またあなたに～させました。本当に面目ない」という文脈にも選択肢A「苦労をかけた」，B「時間をかけさせた」，C「散財させた」，D「心配をかけた」のどれが来てもおかしくはない。

　　A　辛苦　xīnkǔ　つらい　　　　　　B　费时间　fèi shíjiān　時間がかかる
　　C　花钱　huā qián　お金を使う　　　D　操心　cāo xīn　気をもむ

やはり"破费"pòfèiの意味を正確に知っていなければできない。Bの"费时间"はまどわしの選択肢。問題文の"破费"と同じ字が出てくるからといって，それに飛びついてはいけない。正解はCの"花钱"。"花"は動詞では「消費する」という意味になる。"破费"は「散財する」「金を使う」。問題文の"让您破费了"ràng nín pòfèi leは相手に金を出させたり，おみやげをもらったときの決まり文句として覚えよう。

●解答 36．A

[名詞の意味] まず選択肢を眺めておこう。
　　A　缺点 quēdiǎn　欠点　　　　　B　烦恼 fánnǎo　悩み
　　C　疾病 jíbìng　病気　　　　　　D　孩子 háizi　子ども
"毛病" máobing は人間についていうと「欠点・弱点」という意味。機械類では「故障」という意味にもなる。"汽车出了毛病"（車が故障した）。問題文では"胆子小" dǎnzi xiǎo（気が小さい）と言っているので,「欠点」と理解するのが妥当。日本語から「毛病（けびょう）」などと考えないこと。正解はA。

[語釈問題]の和訳

例題33．現在, 技術のある人は歓迎されている。
　　　　A　友人がいる　　　B　自信がある
　　　　C　歓迎される　　　D　能力がある

例題34．ここは会議の代表の方が休むところで, 部外者は入れません。
　　　　A　外部の者　　　　B　よその土地の者
　　　　C　外国人　　　　　D　他の民族

例題35．また散財させてしまい, 本当に申し訳ありません。
　　　　A　つらい　　　　　B　時間がかかる
　　　　C　お金を使う　　　D　気をもむ

例題36．彼の最大の欠点は気が小さいことだ。
　　　　A　欠点　　　　　　B　悩み
　　　　C　病気　　　　　　D　子ども

慣用句・新語の意味も中国語で理解

第7部 ……… ［語釈問題］

　教科書に出てくる言葉が使いこなせれば，それだけでも日常生活には不自由しない程度の中国語は話せるかもしれない。しかし，中国人の話す言葉やテレビの中，新聞や雑誌の中には，教科書ではなかなかお目にかからない，また文字をながめただけでは意味の推測ができないような言葉がたくさん出てくる。これらは自分で使わないまでも，意味だけでも正確に知っておかないと，コミュニケーションに支障をきたす。

　語釈問題では，話し言葉でよく使われる表現や慣用句・新語などの意味が問われる。めったに使われない難解な単語が出されるわけではなく，生活の場での使用頻度が高いものに限られる。また，新語も人々がよく使う表現に限られており，あまりに通俗的であったり，また言葉として定着していない流行語などは出題されない。教科書には出てこないが，いずれもよく使われる表現である。同じモノ・コトをいまは選択肢にあるような中国語で表現していても，将来的には問題文の慣用句や新語を自分で使いこなせるようになりたいものである。

　なお正解選択肢は，あくまで文中で問われている言葉の意味の説明であって，必ずしも文中の言葉とそっくり置き換えが可能というものではない。

ポイント

①日中同形語の落とし穴
　日中同形異義語は多い。"勉強"（いやいやながら，無理強いする），"工夫"（〈費やされる〉時間，暇）や"合同"（契約，契約書）など見た目にまどわされやすい。"勉強答応"（いやいや承知する），"有工夫再来玩儿"（暇があればまた遊びに来る），"签订合同"（契約を結ぶ）などのフレーズや短文を，中国語本来の音・音声でストックしてゆくのが早道。"老百姓"（一般庶民）など漢字を見て日本語の意味から誤解してしまうものにも注意する。こちらも短文やフレーズなど，その文脈を背景に音声から記憶に留めよう。

②慣用句・新語などの意味を知る
　比喩的な意味で用いられる慣用句・イディオム，盛んに口にされることわざ，新時代を反映する新語など，表現の妙を楽しみながら覚えよう。

これは知っ得

● 口語表現
- [ ] 棒 bàng（〈体力や能力が〉優れている）
- [ ] 不简单 bù jiǎndān（たいしたものだ）
- [ ] 吃香 chīxiāng（もてはやされる）
- [ ] 吹 chuī（だめになる，おじゃんになる）
- [ ] 吹牛 chuīniú（ほらを吹く）
- [ ] 顶嘴 dǐngzuǐ（〈目上の者に〉口答えする）
- [ ] 火 huǒ（怒る）
- [ ] 劲头儿 jìntóur（力，意気込み）
- [ ] 溜达 liūda（ぶらつく）
- [ ] 茅房 máofáng（トイレ）
- [ ] 帅 shuài（すばらしい，格好いい）
- [ ] 做东 zuòdōng（おごる）

● 慣用句
- [ ] 穿小鞋 chuān xiǎoxié（意地悪をする）
- [ ] 吃醋 chīcù（やきもちを焼く）
- [ ] 大手大脚 dà shǒu dà jiǎo（金遣いが荒い）
- [ ] 打保票 dǎ bǎopiào（保証する）
- [ ] 戴高帽子 dài gāomàozi（おだてる）
- [ ] 够朋友 gòu péngyou（友達がいがある）
- [ ] 旱鸭子 hànyāzi（金づち，泳げない人）
- [ ] 喝西北风 hē xīběifēng（あごが干上がる）
- [ ] 红白事 hóngbáishì（冠婚葬祭）
- [ ] 开场白 kāichǎngbái（前口上）
- [ ] 扣帽子 kòu màozi（レッテルを貼る）
- [ ] 卖关子 mài guānzi（もったいをつける）
- [ ] 拍马屁 pāi mǎpì（ゴマをする）
- [ ] 碰钉子 pèng dīngzi（肘鉄を食う）
- [ ] 泼冷水 pō lěngshuǐ
  （〈人の熱心さに〉水をかける）
- [ ] 敲竹杠 qiāo zhúgàng
  （〈弱みにつけこんで〉人をゆする）
- [ ] 裙带关系 qúndài guānxi（姻戚関係，閨閥）
- [ ] 上马 shàngmǎ（〈大きな仕事に〉着手する）
- [ ] 掏腰包 tāo yāobāo（ふところを痛める）
- [ ] 拖后腿 tuō hòutuǐ（足をひっぱる）
- [ ] 硬着头皮 yìngzhe tóupí
  （やむなく，思い切って）
- [ ] 有两下子 yǒu liǎngxiàzi
  （なかなかの腕前だ）

● 新語
- [ ] 畅销货 chàngxiāohuò（売れ筋商品）
- [ ] 超市 chāoshì（スーパーマーケット）
- [ ] 宠物 chǒngwù（ペット）
- [ ] 大款 dàkuǎn（成金）
- [ ] 方便面 fāngbiànmiàn（即席ラーメン）
- [ ] 快餐 kuàicān（ファーストフード）
- [ ] 连锁店 liánsuǒdiàn（チェーン店）
- [ ] 绿色食品 lǜsè shípǐn（自然食品）
- [ ] 试点 shìdiǎn（モデルケース）
- [ ] 手机 shǒujī（携帯電話）
- [ ] 跳槽 tiàocáo（転職する）
- [ ] 下岗 xiàgǎng（失業する）
- [ ] 新村 xīncūn（新しくできた団地）
- [ ] 选美 xuǎnměi（美人コンテスト）
- [ ] 摇滚 yáogǔn（ロックミュージック）
- [ ] 钟点工 zhōngdiǎngōng（パートタイマー）

広告のキャッチフレーズ

大减价 dàjiǎnjià（バーゲン）

大出血 dàchūxuè（出血サービス）

大酬宾 dàchóubīn（大安売り）

优惠价 yōuhuìjià（特価）

对折 duìzhé（5割引）

处理品 chǔlǐpǐn（特売品）

免费赠送 miǎnfèi zèngsòng（無料進呈）

售后服务 shòuhòu fúwù（アフターサービス）

第8部 読解問題

> 出題のねらい
>
> ・全体の要旨を大きくつかむ力と，個々のポイントを正確に把握する力。
> ・長文を速やかにかつ正確に読み，内容を理解する力。
> ・多様な文体に対応できる語彙力，構文解析力。

テスト形式

[読解問題] では，文章を読み，各文章についていくつかの質問が用意されています。質問の答えとして最も適当なものを選択肢A～Dから選び，記号をマークします。

◇問題用紙

文章と質問，選択肢が印刷されています。

◇出題数

質問は各文章に2～4問ぐらい，合計20問出題されます。

◇解答形式

各文章をよく読み，質問に対する4つの答えA～Dの中から，内容を考えて最も適切なものを1つ選び，解答欄に記号をマークします。

◇解答時間

リーディング問題全体で45分なので，見直しの時間を考えると，[読解問題] は20分以内に終えるようにするとよいでしょう。

例題

次の文章を読み，例題37と例題38の問いに対して最も適当なものをA～Dの選択肢から選び，その記号を解答欄に記入しなさい。

考生须知

（一）当天丢失准考证时，和考点校老师、带队老师讲清，先参加考试，然后再补办。
（二）忘带准考证时，须向考点校领导说明，下一场考试必须交验，不要回去取，因为迟到十五分钟，就不能参加该科考试。
（三）交通堵塞时，请打的赶到考场，或请成人用自行车带到考场，也可请民警帮忙。
（四）生病时，能坚持考试就尽量坚持考试，坚持不了时，可请考点校监考老师帮忙，到医务室紧急处理一下病情，争取回来继续考试，考试时间不延长。

招生办公室

例題37　考试前找不到准考证时应该怎么办？
　　　　A　如果当天找不着了，可以先考试，后补办手续。
　　　　B　没带准考证的学生就没有资格参加考试。
　　　　C　实在没有办法的时候，可以请民警帮忙。
　　　　D　没办法，只能等到明年再参加考试。

例題38　符合文章内容的是：
　　　　A　为防止交通堵塞，禁止考生坐出租车来考场。
　　　　B　生病时可以退出考场治病，但考试时间不延长。
　　　　C　考试开始一刻钟后进教师的学生也能参加考试。
　　　　D　如果忘带准考证，可以向考点校老师说明之后回家去取。

[読解問題]の語注

- 考生 kǎoshēng　　受験生
- 须知 xūzhī　　注意事項
- 当天 dāngtiān　　その日，当日
- 丢失 diūshī　　失う，なくす
- 准考证 zhǔnkǎozhèng　　受験票
- 考点校老师 kǎodiǎnxiào lǎoshī　　試験実施校教員
- 带队老师 dàiduì lǎoshī　　引率教員
- 讲清 jiǎngqīng　　はっきり説明する
- 补办 bǔbàn　　（後で）補足して行う
- 领导 lǐngdǎo　　責任者，指導者
- 交验 jiāoyàn　　（証明書などを）提出し検査をうける
- 该科考试 gāikē kǎoshì　　その科目の試験
- 堵塞 dǔsè　　ふさぐ，混む
- 打的 dǎdí　　タクシーを呼ぶ
- 民警 mínjǐng　　人民警察
- 坚持 jiānchí　　もちこたえる
- 尽量 jǐnliàng　　できるだけ
- 监考老师 jiānkǎo lǎoshī　　試験監督教員
- 帮忙 bāngmáng　　手助けする
- 医务室 yīwùshì　　医務室
- 争取 zhēngqǔ　　努力して実現させようとする
- 继续 jìxù　　続ける
- 延长 yáncháng　　延長する
- 找不着 zhǎobuzháo　　見つからない
- 实在 shízài　　本当に，全く
- 出租车 chūzūchē　　タクシー
- 招生 zhāoshēng　　学生を募集する
- 办公室 bàngōngshì　　事務室

［読解問題］の解答・解説

［受験生への注意書き］

本文（一）は，受験票を紛失した時の注意。注意書きなので対象は不特定の「あなた」であり，主語が明示されていない。

はじめから"准考证""考点校"などという見慣れない単語が出てきてもあわてずに最後まで目を通す。すると"参加考试"というよく知っている言葉が頻繁に出てきて，なにやら受験に際してのトラブル対処法であるらしいことがわかる。そこから"准"（許可する）"考"（受験する）"证"（証明書）は「受験票」，"点"は地点であることから"考点校"は「試験会場となる学校」ということが推測できる。知らない単語の意味が推測できることも大事な力である。"和"はここでは接続詞ではなく介詞。「～に（向かって）」を表す。"讲"の後ろの"清"は結果補語。「話してはっきりする」→「はっきり話す」。"补办"は「あとで（手続きを）する」。

"先～然后再～"（まず～し，それから～する）の呼応形式もある。"先参加考试，然后再补办"（先に受験し，その後手続きを補う）。

（二）は受験票を忘れた時の注意。"须向考点校领导说明"の部分は"须（＝须要）"（～しなければならない），"向～说明"（～に説明する）で「試験実施校の責任者に説明しなりればならない」となる。"交验"は見慣れない語だが，「証明書などを提出し，チェックを受ける」こと。ここでは「仮発行の受験票」などを指す。次に"不要回去取"（取りに戻ってはならない），その理由が"因为"以下に示されている。"迟到十五分钟，就不能参加该科考试"「15分遅刻したら，その科目の試験を受けることができない」からである。

（三）は交通渋滞の際の注意。この文の構造は，渋滞したら"A，或B，也可C"（AあるいはB，またCでもよい）である。3つの方法が示されている。

A　请打的赶到考场　　or　　B　请成人用自行车带到考场

C　请民警帮忙

A，B，Cの文の内部構造は，［"请"＋（人）＋動詞＋目的語］（人に～してもらう）という兼語文となっている。"的（＝的士）"（タクシー），"可（＝可以）"（～してよい）。

（四）は病気になった時の注意。"坚持"は日本語に訳しにくい言葉だが，「がんばって～し続ける，あくまでやり抜く，もちこたえる」。"坚持不了"は可能補語の否定形で「もちこたえられない」，"紧急"は形容詞で，動詞"处理"を修飾している。"争取回来继续考试"の"争取"は「努力して～のようにする，なんとか～のようにもっていく」の意味。

●解答　37．A
　　次に設問を考えてみよう。"找不到"は可能補語の否定形で「見つからない」，"应该怎么办"（どうすべきか）。
　　本文（一）に注目しよう。受験票をなくした時は"先参加考试，然后再补办"と書いてある。選択肢を見ると，Aに"先考试，后补办手续"とある。Aが正解のようだが，B，C，Dも見よう。Bでは受験票がない者は受験資格がないと言っている。これは本文と合致しない。Cは警察に助けてもらってもよいと言うが，これは交通渋滞に巻き込まれた時の注意。Dは来年また受験するしかないと言うが，これも本文とは合致しない。したがってAが正解とわかる。

●解答　38．B
　　設問は本文の内容に合うものはどれかを問うている。合わないもの（＝"不符合"）はどれかという設問の時もあるので，よく注意すること。Aは受験生がタクシーで試験場に来るのを禁止すると言っている。本文（三）では"请打的赶到考场"と述べているので本文に合致しない。Bは病気の時は試験会場を出て休んでもよいが，試験時間は延長しないと言う。本文（四）病気の時の注意書きに"坚持不了时，可～到医务室紧急处理～时间不延长"とある。「試験時間は延長しない」が一致している。Cは試験開始時間15分後に教室に入っても受験できるというが，本文（二）に"迟到十五分钟，就不能参加该科考试"とあるので，本文と合わない。Dは受験票を忘れたら家に取りに帰ってもよいという。しかし，本文（二）に"忘带准考证时～不要回去取～"とある。これも本文と一致せず，したがって，正解はBとわかる。

[読解問題] の和訳

受験者の皆さんへ

（一）当日受験票をなくした時は，試験実施校の教員や引率教員に理由を説明し，とりあえず受験し，その後で手続きをする。

（二）受験票を忘れた時は，試験実施校の責任者に説明し，次の試験の時に仮受験票を示しチェックを受けなければならない。取りに戻ってはならない。15分遅刻すると，その科目の試験を受けることができないからである。

（三）交通渋滞の時は，タクシーで試験場に駆けつけるか，あるいは大人に自転車で試験場に連れて来てもらう。また警察に助けてもらってもよい。

（四）病気の時は，試験を受けられるようであれば，できるだけ試験を受け，耐えられない時は，試験実施校の監督教員に助けてもらい，医務室へ行って緊急の手当てをし，戻って試験を続けるようにする。試験時間は延長しない。

入試事務室

例題37.
試験前に受験票が見つからない時はどうすべきか。
A　当日見つからなければ，まず受験し，あとで手続きを補う。
B　受験票のない学生は受験する資格がない。
C　どうしようもない時は，警察に助けてもらってもよい。
D　来年また受験するより方法がない。

例題38.
文章内容に合致するのは
A　交通渋滞を防ぐため，受験生がタクシーで受験場に来ることを禁止する。
B　病気の時は，試験室を出て休んでよいが，試験時間は延長しない。
C　試験開始15分後に教室に入った学生も受験できる。
D　受験票を忘れたら，試験実施校の教員に説明した後，家に取りに帰ってよい。

文の意図を読み取る

第8部 ……… [読解問題]

　新聞や雑誌を読んで正確に内容をつかむ。自分の欲しい情報を正しくキャッチする。説明書や案内板に従ってモノを使ったり行動したりする。もらった手紙から差出人の意図をさぐる。書類にもとづいて商談をすすめる。

　中国で生活したり，中国人と友人になったり，中国の会社と取引を持ったりすれば，中国語で書かれたものをもとに，このようなことを行なわなければならなくなる。

　読解問題にはさまざまなジャンルの文章が出る。新聞記事の中からは，おもにコラムやスポーツ・小知識・求人や薬や新製品の広告，天気予報などが取り上げられる。コラムと言っても，題材は政治，経済，商業，農業，演劇から街の話題と幅広い。ほかにも公園やデパートの案内板，商品のパッケージやパンフレット，笑い話などの小話，手紙文とバラエティに富んでいる。

　「いつ・どこで・誰が・何を・どのように」を押さえつつ，文のテーマをさぐりながら読んでいこう。部分的な内容を聞く問題のあとに，"符合文章内容的是："（文の内容と合うのは），"以下哪条不符合文章内容？"（文の内容と合わないのは次のどれか），"从这则新闻里我们知道的内容是："（このニュースからわかることは），"从信里可以看出："（手紙から知れるのは）などの文全体についてたずねる問題がひかえていることが多い。

| ポイント |

①各種タイプの文とその用語に慣れる

　手紙，ビジネス文，広告文，新聞記事，説明書，注意書き……，各種の文に目を通し，それぞれの書式や用語の特徴を知る。書簡文やビジネス文などにはそれ独特の用語がある。それらをあらかじめ知っておくと，試験の時にあわてない。

②書面語に慣れる

　書面・文書には話し言葉では使わない書き言葉が現れる。例えば"将"。これは"把"や"一定会"などの意味にあたる書面語。これらの語にも慣れよう。

③複文の意味関係をつかまえる

　文頭から順次文意を読み取りながら，呼応関係を押さえてゆく。"只要～就"，"任何～也／都"など。まず接続詞などを使った呼応表現をしっかり覚える。

　また，会話の場面などでは"现在有了双休日，锻炼身体的时间多了"（週休2日になったので，運動する時間が多くなった）のように，呼応表現なしで前後の節を簡潔につなげる。この場合，原因・理由，結果，仮定など，節と節の間の意味関係を読み取ることが必要となる。

これは知っ得

●書面語

与 yǔ ＝跟（～と）
将 jiāng ＝将要（まさに～しようとしている）
　　　　＝一定会（きっと～のはずだ）
　　　　＝把（～を）
于 yú ＝在（～で，～に）
已 yǐ ＝已经（すでに）
曾 céng ＝曾经（かつて）
若 ruò ＝如果（もしも）
兹 zī ＝现在（いま，ここに）
经 jīng ＝经过（～を経て）
特 tè ＝特地（特に）
恕 shù ＝原谅（許す，容赦する）
为 wéi ＝做为，是（～とする，～である）
自 zì ＝从（～から）

●定型呼応文

虽然～但是～ suīrán~dànshì~
　（～であるけれども）
尽管～还是～ jǐnguǎn~háishi~
　（～であるけれども）
因为～所以～ yīnwèi~suǒyǐ~（～なので）
既然～就～ jìrán~jiù~（～である以上は）
不仅～而且～ bùjǐn~érqiě~
　（～であるばかりでなく）
连～也／都～ lián~yě/dōu~（～さえも）
如果（要是）～就～ rúguǒ (yàoshi) ~jiù~
　（もし～ならば）
一～就～ yī~jiù~（～するとすぐ）
只要～就～ zhǐyào~jiù~
　（ただ～しさえすれば）
只有～才～ zhǐyǒu~cái~
　（～してはじめて）
不管～也／都～ bùguǎn~yě/dōu~
　（～にもかかわらず）
即使～也～ jíshǐ~yě~（たとえ～でも）

无论～也／都～ wúlùn~yě/dōu~
　（～であろうとも）
非～不可～ fēi~bùkě~
　（～しなければならない）
任何～也／都～ rènhé~yě/dōu~
　（どのような～であろうと）

政治用語

总书记 zǒngshūjì（中国共産党総書記）
首相 shǒuxiàng（首相）
总理 zǒnglǐ（総理大臣）
总统 zǒngtǒng（大統領）
外交部长 wàijiāo bùzhǎng（外務大臣）
人大 réndà（中国人民代表大会の略称）
联合国 Liánhéguó（国連）
安理会 Ānlǐhuì（安全保障理事会）

パソコン用語

安装 ānzhuāng（インストールする）
病毒 bìngdú（コンピューターウイルス）
菜单 càidān（メニュー）
打印机 dǎyìnjī（プリンター）
电子邮件 diànzǐ yóujiàn（電子メール。"伊妹儿" yīmèir とも）
黑客 hēikè（ハッカー）
乱码 luànmǎ（文字化け）
密码 mìmǎ（パスワード）
上网 shàngwǎng（インターネットに接続する）
鼠标 shǔbiāo（マウス）
死机 sǐjī（フリーズする）
下载 xiàzài（ダウンロードする↔"上传" shàngchuán アップロードする）
主页 zhǔyè（ホームページ）

TECC リーディング問題の攻略法

天理大学教授　中川裕三

　TECC のリーディング問題は，大まかに①文法力を問う「語順問題」「補充問題」，②語彙力を問う「語釈問題」，③読解力を問う「読解問題」に分けられます。

　①の「語順問題」攻略のポイントは，できるだけ早く，日本語や英語の語順に惑わされないようになることです。中国語は基本語順が SVO であるため，文法は英語に近いといわれることがありますが，実際に勉強してみると，英語とは異なって日本語と同じ場合もあり，一概にはいえないことがわかります。否定詞と前置詞フレーズの位置（ex."不在家喝酒"）や，動量・時量補語と目的語の位置（ex."吃过一次水饺"）といった日本人がとくに間違えやすい語順を文法書で確認しておく必要があります。

　「補充問題」では，介詞・量詞・副詞などの機能語の類や，結果補語・可能補語などの補語の類，あるいは成語・類義語などに関する総合的な文法能力が問われます。中でも類義語（ex."一定"vs."肯定"，"小心"vs."注意"）が選択肢に含まれている問題は，それらの表現のニュアンスの微妙なズレや用法の違いまでしっかり理解していないと，選択肢の中から自信をもって正答を選び出すのは困難です。この種の問題に強くなるためには，これまでバラバラに覚えたものを整理し直し，それらの意味と用法の共通点・相違点をしっかり理解しておくことが大切です。

　同様に量詞も，これまで"椅子"は"把"，"桌子"は"张"とバラバラに覚えたものを，量詞ごとに自分で分類し直してみるとよいでしょう。たとえば"把"のカテゴリーに分類される"椅子，（雨）伞，（菜）刀…"には「手で握るための柄や取っ手（のようなもの）」がついていますから，そのイメージをしっかり押さえておきます。そうすれば"凳子"dèngzi は，"椅子"と同じ「座るもの」ではあっても，運ぶときに手で握る背もたれがないので，"把"のカテゴリーには分類されない，というような応用的推論ができるようになります。
　イメージを利用した整理方法は，方向補語の派生用法の理解にも不可欠です。基本用法の空間移動のイメージをしっかり押さえていないと，抽象的で複雑な派生用法を理解することはできません。
　ただ文法項目を覚えるだけの勉強は無味乾燥ですが，それらの個別の知識と知識の間の関係に目を向けられるようになれば，文法の勉強も面白くなり，実力がつくはずです。

　②の「語釈問題」では，単なる語彙量の多さが問われるのではなく，その語彙を中国語で解釈する能力があるかどうかが問われます。この種の問題に強くなるためには，

とりわけ中中辞典の活用が効果的です。書面語・口語・慣用語・成語・新語などは，中日辞典の訳語を丸暗記するのではなく，中中辞典を調べて中国語で覚えるのがよいでしょう。『現代漢語詞典』（商務印書館）を見ると，書面語の"陡然"dǒurán は"突然"，口語の"吃香"は"受欢迎，受重视"というふうに，基本語彙で簡潔に説明されています。中中辞典というのは，基本的にある語彙を別の語彙で置き換えて説明したものなので，中中辞典を勉強にとり入れれば，中国語で中国語を解釈する能力が養われるだけでなく，自ずと類義語にも強くなります。

③の「読解問題」には，新聞記事・商業通信文・説明書・文学作品など，各種文体の長文が出題され，その読解力が問われます。長文に強くなるためには，まずは『人民日報』などの規範的な文体を数多く読み，文章語特有の表現（ex."将"，"若"）に慣れるのが基本です。ファーストリーディングで大意をつかめるようになるために，最初は辞書無しで「速読」し，それから辞書を使って「精読」するのが最もバランスのとれた勉強方法といえるでしょう。また，書かれている内容に関する知識がなくても，形式を頼りに読み進められるように，複文の意味関係を表す接続詞の類（ex."只要"，"只有"）や，商業通信文で多用されるビジネス用語（ex."特拟"tènǐ，"收悉"shōuxī）などをきちんと覚えるのもポイントの一つです。

最後に，受験本番ですが，リーディング問題は時間配分が成績を左右する大きなポイントになります。上級者でもほとんど見直す余裕がないほど問題の量が多いので，解答に迷ったからといって一つの問題に時間をかけすぎないよう十分注意してください。長文問題にも比較的易しい問題が含まれていますから，初級者でも一応最後まで目を通し，できる問題は取りこぼさないようにしたいものです。ただし，全く話の筋道が見えない長文問題は思いきって後回しにしてもよいでしょう。

TECC
Test of Communicative Chinese

最新過去問題編

Test of Communicative Chinese

I

中国語コミュニケーション能力検定
最新過去問題

- 実施時間は 80 分間、合計 140 問です。

- 解答はすべて「4 つの選択肢の中から最も適当な選択肢 1 つを選択する」という四肢択一式で、解答用紙の所定の欄にマークするマークシート方式です。

- 問題は、「リスニング問題」、「リーディング問題」の 2 部構成になっており、リスニング問題 70 問（35 分間）、リーディング問題 70 問（45 分間）が、合計 8 種類の問題形式で出題されます。

〈問題形式〉リスニング問題［70 問］…………………35 分間
　第 1 部　基本数量問題　……………………………………（10 問）
　第 2 部　図画写真問題　……………………………………（20 問）
　第 3 部　会話形成問題　……………………………………（20 問）
　第 4 部　会話散文問題　……………………………………（20 問）

〈問題形式〉リーディング問題［70 問］………………45 分間
　第 5 部　語順問題　…………………………………………（10 問）
　第 6 部　補充問題　…………………………………………（20 問）
　第 7 部　語釈問題　…………………………………………（20 問）
　第 8 部　読解問題　…………………………………………（20 問）

- リスニング問題は、問題番号が中国語で読まれます。それぞれの問題の選択肢または問題文をすべて読み終わると、合図として信号音が鳴ります。
- 解答は、設問番号と同じ番号の解答欄にマークしてください。

【第 1 部】基本数量問題

テープを聴いて、それが表しているものを A～D の選択肢から選び、その記号をマークしなさい。発音は 2 回繰り返します。

1　　A　第 6 页
　　　B　第 22 页
　　　C　第 12 页
　　　D　第 2 页

2　　A　10909
　　　B　10009
　　　C　10099
　　　D　10090

3　　A　三十四岁左右
　　　B　三十三岁左右
　　　C　四十岁左右
　　　D　三、四十岁左右

4　　A　买二百减五十
　　　B　买一百减四十
　　　C　买一百减五十
　　　D　买一千减五十

5　　A　3.67
　　　B　13.7
　　　C　3.07
　　　D　33.7

6   A   八十八楼五号房间
       B   八十六楼五号房间
       C   六十六楼五号房间
       D   六十八楼五号房间

7   A $\frac{2}{3}$
       B $1\frac{3}{4}$
       C $\frac{1}{2}$
       D $2\frac{4}{5}$

8   A   周五 3 点
       B   周六 5 点
       C   周一 3 点
       D   周一 5 点

9   A   4312
       B   1341
       C   1372
       D   4321

10   A   48+12
       B   54−35
       C   87+23
       D   74−12

【第 2 部】図画写真問題　　　Track8

11 から 30 までのそれぞれの図画や写真に対して、A～D の 4 つの説明が読まれます。その中から最も適当なものを選び、その記号をマークしなさい。

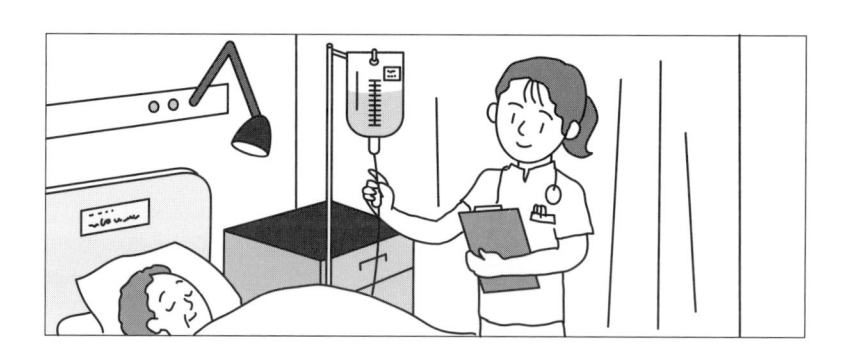

11

12

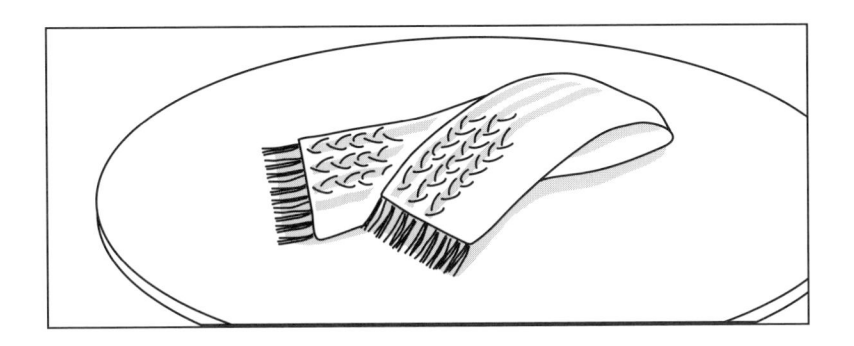

13

14

15

16

17

18

19

20

21　Track9

22

23

24

25

26

27

28

29

30

【第 3 部】会話形成問題

Track10

31 から 40 まで、それぞれ甲乙男女二人の会話です。甲の発話の次に、乙の返答として最も適当なものを A ～ D の選択肢から選び、その記号をマークしなさい。

31　　甲：你爱人在哪儿工作？
　　　乙：A
　　　　　B
　　　　　C
　　　　　D

32　　甲：我们一起去图书馆，怎么样？
　　　乙：A
　　　　　B
　　　　　C
　　　　　D

33　　甲：学校已经开学了吗？
　　　乙：A
　　　　　B
　　　　　C
　　　　　D

34　　甲：您来点儿什么？
　　　乙：A
　　　　　B
　　　　　C
　　　　　D

35　　甲：师傅，到机场要多长时间？
　　　乙：A
　　　　　B
　　　　　C
　　　　　D

36 甲： 你教教我打网球吧。
    乙： A
        B
        C
        D

37 甲： 除了汉语以外，您还会说什么外语？
    乙： A
        B
        C
        D

38 甲： 你买的西瓜多少钱一斤？
    乙： A
        B
        C
        D

39 甲： 明天要交这么多作业，我们今晚得开夜车了。
    乙： A
        B
        C
        D

40 甲： 你能帮我把这张十块的破开吗？
    乙： A
        B
        C
        D

41 から 50 まで、それぞれ甲乙男女二人の会話です。この会話の続きとして、甲が発話する最も適当なものを、A ～ D の選択肢から選び、その記号をマークしなさい。

41　甲：你是大学生吗？
　　　乙：不，我是公司职员。
　　　甲：　A　　　B　　　C　　　D

42　甲：今天的雨下得真大。
　　　乙：是啊。下得可真大。
　　　甲：　A　　　B　　　C　　　D

43　甲：刚才的电话是你爱人打来的吧。
　　　乙：你怎么知道？
　　　甲：　A　　　B　　　C　　　D

44　甲：小李，听你老婆说，你最近总不在家吃晚饭。
　　　乙：应酬太多，没办法。
　　　甲：　A　　　B　　　C　　　D

45　甲：我一直期待能去上海工作，我的愿望终于实现了。
　　　乙：看你兴奋的，都准备好了吗？
　　　甲：　A　　　B　　　C　　　D

46   甲： 这场球踢得真棒！
     乙： 不错，有水平。
     甲： A   B   C   D

47   甲： 喂，请问王科长在家吗？
     乙： 噢，他刚出去，晚上才回来。
     甲： A   B   C   D

48   甲： 听说你在报社工作？
     乙： 我以前在报社工作，现在在电视台。
     甲： A   B   C   D

49   甲： 上个月你姐姐生孩子了？
     乙： 对。她生的是双胞胎，都是男孩儿。
     甲： A   B   C   D

50   甲： 大学毕业后，你有什么打算？
     乙： 我打算出国，镀镀金。你呢？
     甲： A   B   C   D

【第4部】会話散文問題

Track12

以下の会話あるいは散文を聞いて、それぞれの問いに対する最も適当なものをA～Dの選択肢から選び、その記号をマークしなさい。

テープを聴いて、51から52までの問いに対する最も適当なものをA～Dの選択肢から選び、その記号をマークしなさい。

51　　男的最后一次看电影是什么时候？

　　　A　　一个月以前。
　　　B　　两个月以前。
　　　C　　三个月以前。
　　　D　　四个月以前。

52　　男的最喜欢看什么电影？

　　　A　　中国电影。
　　　B　　韩国电影。
　　　C　　日本电影。
　　　D　　美国电影。

テープを聴いて、53から54までの問いに対する最も適当なものをA～Dの選択肢から選び、その記号をマークしなさい。

53　　田中去过香港吗？

　　　A　　没去过。
　　　B　　去过一次。
　　　C　　去过两次。
　　　D　　去过几次。

54　　女的去香港做什么？

　　　A　　玩儿。
　　　B　　学习。
　　　C　　工作。
　　　D　　生活。

テープを聴いて、55 から 56 までの問いに対する最も適当なものを A ～ D の選択肢から選び、その記号をマークしなさい。

55　今天的会议几点开？

  A　两点。
  B　三点。
  C　四点。
  D　五点。

56　为什么会议时间发生变化了？

  A　因为老板和日本客人去吃午饭了。
  B　因为老板要去日本。
  C　因为日本客人回国了。
  D　因为老板生病了。

テープを聴いて、57 から 58 までの問いに対する最も適当なものを A ～ D の選択肢から選び、その記号をマークしなさい。

57　女的怎么了？

  A　发烧。
  B　晕船。
  C　呕吐。
  D　晕车。

58　女的让男的做什么？

  A　打开车门。
  B　停车。
  C　打开车窗。
  D　下车。

テープを聴いて、59 から 60 までの問いに対する最も適当なものを A 〜 D の選択肢から選び、その記号をマークしなさい。

59　　　他们有多少年没见了？

　　　　　A　　4年。
　　　　　B　　14年。
　　　　　C　　20年。
　　　　　D　　24年。

60　　　他们是什么关系？

　　　　　A　　师生关系。
　　　　　B　　同学关系。
　　　　　C　　上下级关系。
　　　　　D　　同事关系。

テープを聴いて、61 から 62 までの問いに対する最も適当なものを A 〜 D の選択肢から選び、その記号をマークしなさい。

61　　　"我"在这家咖啡店干了多长时间？　　　　　　　Track13

　　　　　A　　半年多。
　　　　　B　　一年多。
　　　　　C　　一年半。
　　　　　D　　两年多。

62　　　"我"为什么要辞掉这个工作？

　　　　　A　　因为活儿很累。
　　　　　B　　因为学习忙。
　　　　　C　　因为工资低。
　　　　　D　　因为老板脾气不好。

テープを聴いて、**63** から **64** までの問いに対する最も適当なものを A ～ D の選択肢から選び、その記号をマークしなさい。

63　男的为什么不能参加宴会？

　　　A　因为要参加一个婚礼。
　　　B　因为有别的安排。
　　　C　因为要跟张总见面。
　　　D　因为公司里有庆祝宴会。

64　通过这段话我们可以知道

　　　A　张总给男的打过电话。
　　　B　男的周六去拜访张总。
　　　C　上星期张总的公司举办了宴会。
　　　D　星期六男的要在公司加班。

テープを聴いて、**65** から **66** までの問いに対する最も適当なものを A ～ D の選択肢から選び、その記号をマークしなさい。

65　公文包里有什么？

　　　A　人民币。
　　　B　外币。
　　　C　月票。
　　　D　信用卡。

66　公文包是在哪里被拾到的？

　　　A　校园内。
　　　B　商店里。
　　　C　公园内。
　　　D　车站里。

テープを聴いて、**67** から **68** までの問いに対する最も適当なものをA～Dの選択肢から選び、その記号をマークしなさい。

67　这段话是谁说的？

　　　　A　主持人。
　　　　B　杨华。
　　　　C　领导。
　　　　D　王小明。

68　这是什么演出？

　　　　A　歌曲演唱会。
　　　　B　京剧。
　　　　C　交响音乐会。
　　　　D　舞剧。

テープを聴いて、**69** から **70** までの問いに対する最も適当なものをA～Dの選択肢から選び、その記号をマークしなさい。

69　所谓一条龙服务指的是什么？

　　　　A　为上海铁路局职工提供的旅游服务。
　　　　B　上海铁路局的一条运输专线。
　　　　C　包吃、包住、包游的旅游服务。
　　　　D　一项专赴上海的旅游项目。

70　利用假日列车去旅游，什么时候回来？

　　　　A　星期一早上。
　　　　B　星期一晚上。
　　　　C　星期天早上。
　　　　D　星期天晚上。

【第5部】語順問題

71から80まで、それぞれの語句を後の文中に挿入する場合に、最も適当な位置をA〜Dの中から選び、その記号をマークしなさい。

71　过：　　这种菜 A 你没吃 B 吧，吃吃 C 看，味道 D 怎么样？

72　出差：　A 他今天不在 B 公司，去 C 上海 D 了。

73　只：　　我 A 去过 B 一次 C 北京，对北京 D 不太熟悉。

74　大学：　他一个孩子已 A 毕业 B 参加工作，另一个还在 C 美国学习 D 呢。

75　去：　　这个问题 A 我也不懂 B，你 C 找老师问问 D 看。

76　等：　　A 现在太贵，B 便宜了 C 再 D 买吧。

77　什么：　A 大家都是 B 老同学，你 C 客气 D 呀。

78　好容易：这道 A 数学题 B 真难，C 才 D 做好了。

79　天天：　这几天，A 陪客户在外面吃饭，一点儿 B 做家务的 C 时间 D 都没有。

80　为：　　A 我们应该 B 建立一种以 C 售后服务 D 中心的经营体制。

【第6部】補充問題

81 から 92 までの(　　)に挿入する語句として、最も適当なものを A～D の選択肢から選び、その記号をマークしなさい。

81　　这个沙发有（　　　）重？
　　　A 沉　　　B 太　　　C 多　　　D 很

82　　明天是小王的生日，我打算（　　　）她一件礼物。
　　　A 传　　　B 拿　　　C 送　　　D 上

83　　中国每个城市的环境都比过去好多（　　　）。
　　　A 吧　　　B 的　　　C 呢　　　D 了

84　　真热！空调开（　　　）没有？
　　　A 着　　　B 的　　　C 完　　　D 呢

85　　我以前（　　　）爱情小说很感兴趣。
　　　A 向　　　B 对　　　C 从　　　D 跟

86　　你自己坐车（　　　）饭店（　　　）吧。
　　　A 出……来　B 回……去　C 出……去　D 进……来

87　虽然目前有不少困难,但是我们一定得（　　　　）这项工作做完。
　　A 把　　　　B 要　　　　C 想　　　　D 从

88　中国又成功地发射了一（　　　　）人造卫星。
　　A 粒　　　　B 颗　　　　C 台　　　　D 架

89　（　　　　）中国经济的飞速发展，中国人民的生活水平在不断提高。
　　A 伴着　　　B 跟着　　　C 连着　　　D 随着

90　（　　　　）已经做了，（　　　　）别后悔。
　　A 既然……就　　　　　　B 虽然……但是
　　C 只有……才　　　　　　D 无论……都

91　我觉得她这个人的（　　　　）不错。
　　A 性质　　　B 品质　　　C 质料　　　D 质地

92　他们（　　　　）地放弃大公司的高薪，想方设法要挤进公务员的行列。
　　A 小心翼翼　B 三心二意　C 心甘情愿　D 适可而止

93から96までの(　　)に挿入する語句として、最も適当なものをそれぞれ(　　)内の番号に対応するA～Dの選択肢から選び、その記号をマークしなさい。

　　中国人喜欢喝热饮料，吃热饭菜，特别是米饭一定要吃热的。随着饮食生活的不断变化，冰镇啤酒、冰镇果汁等等也（ 93 ）了冬季的餐桌，但凉米饭还是难以（ 94 ）的。不少在日本的中国人说，我很喜欢吃日本菜，（ 95 ）爱吃生鱼片，不过，寿司还是吃不了。爱吃生鱼片而不能吃寿司，（ 96 ）有些矛盾，其实理由很简单，因为寿司的米饭是凉的。

93　　A　爬上　　B　载上　　C　登上　　D　供上

94　　A　承担　　B　接受　　C　欢迎　　D　承认

95　　A　主要　　B　重点　　C　只好　　D　尤其

96　　A　听起来　　B　写下来　　C　说下去　　D　提起来

97から100までの(　)に挿入する語句として、最も適当なものをそれぞれ(　)内の番号に対応するA～Dの選択肢から選び、その記号をマークしなさい。

献哈达是藏族最普遍的一种礼节。婚丧（ 97 ）、民俗节庆、拜会尊长、拜佛、迎送宾客等等场合，通常都要献哈达。哈达是一种生丝制品，长短不一，献哈达是对人表示纯洁、诚心、忠诚的意思。自古（ 98 ），藏族认为白色象征纯洁、吉利，所以哈达一般是白色的。

到藏族人家做客，主人便会敬酒。敬献客人时，客人须先啜三口，每喝一口主人都要斟满，最后再喝干一满杯。喝茶则是日常的礼节，客人进屋坐定，主妇或子女会来倒酥油茶，但客人不必自行端喝，（ 99 ）等主人捧到你面前才接过去喝，这样（ 100 ）算懂得礼节。

97　　A 收礼　　B 嫁人　　C 娶人　　D 嫁娶

98　　A 过来　　B 以来　　C 上来　　D 下来

99　　A 得　　　B 着　　　C 了　　　D 对

100　　A 能　　　B 由　　　C 才　　　D 向

【第 7 部】語釈問題

101 から 120 までの文中の下線部の語句の意味として最も適当なものを、A〜D の選択肢から選び、その記号をマークしなさい。

101 　　汉语课上老师常常让我们进行会话练习。
　　　　A　对话　　　　B　讲话　　　　C　通话　　　　D　胡话

102 　　真抱歉，我不应该说那样的话。
　　　　A　不客气　　　B　不要紧　　　C　没关系　　　D　对不起

103 　　能够拿到音乐会门票，我高兴极了。
　　　　A　伤心　　　　B　操心　　　　C　烦心　　　　D　开心

104 　　目前玩具商标什么的，都爱用大熊猫，大熊猫真成了红人了！
　　　　A　红色的人物　B　有意思的人物　C　革命的人物　D　受欢迎的人物

105 　　你懂得这个单词的意思吗？
　　　　A　知道　　　　B　认识　　　　C　记住　　　　D　发现

106 　　吃了这个药以后，我觉得好受多了。
　　　　A　舒心　　　　B　舒缓　　　　C　舒服　　　　D　舒展

107 　　我们必须马上出发，执行部里安排的重要任务。
　　　　A　好好　　　　B　就是　　　　C　立刻　　　　D　顿时

108 　　对失足青年，我们要关心帮助。
　　　　A　落水　　　　B　犯错误　　　C　滑倒　　　　D　迷路

109 　　他总是在背后说我的坏话，所以我恨透他了。
　　　　A　死　　　　　B　多　　　　　C　坏　　　　　D　深

110 《梁山伯与祝英台》是一个动人的爱情故事。
    A 爱人   B 感人   C 恼人   D 愁人

111 我们都是一家人，有什么不好意思的。
    A 害怕   B 害羞   C 没意思   D 有意思

112 最近一些地方开始发行彩票。
    A 招待券   B 彩卷   C 股票   D 奖券

113 他表现不好，被老师批评了。
    A 表示   B 脑子   C 服装   D 行为

114 这条淡粉色的裙子多少钱？
    A 薄   B 素   C 轻   D 浅

115 你们这儿可以刷卡吧？
    A 用信用卡付钱 B 用信用卡取钱 C 用会员卡 D 用电话卡

116 她爱吃素的，所以很苗条。
    A 植物性食物 B 清淡的食物 C 人工食品 D 自然食品

117 从电视上看到这个情景真让人心酸。
    A 羡慕   B 嫉妒   C 感动   D 难过

118 这件事儿先放放，我们看看别的问题吧。
    A 开始解决 B 首先考虑 C 暂时不管 D 非常重要

119 他那个人不善应酬。
    A 服从   B 交际   C 决断   D 吹捧

120 你脸上那麻木的表情已经告诉了人们发生的一切。
    A 骄傲   B 悲痛   C 呆滞   D 活泼

【第 8 部】読解問題

次の文章を読み、121 から 124 までの問いに対して最も適当なものを A ～ D の選択肢から選び、その記号をマークしなさい。

　　从古到今，祖祖辈辈的中国人一共使用过多少个姓氏？专家最新研究发现，中国人从古到今使用过的姓氏已超过 22000 个。随着时代的变迁，不少姓氏已经消失，当代中国人正在使用的汉姓约有 3500 个左右。

　　全国最大的三个姓氏是李、王、张，分别占总人口的 7.9％、7.4％ 和 7.1％，三大姓氏的总人口达到 2.7 亿，是世界上最大的三个同姓人群。

　　当代中国 100 个常见姓氏集中了全国人口的 87％。其中，占全国人口 1％ 以上的姓氏有 19 个，分别为李、王、张、刘、陈、杨、赵、黄、周、吴、徐、孙、胡、朱、高、林、何、郭和马。

121 当代中国人正在使用的汉姓约有
 A 不到 100 个。 B 3500 个左右。
 C 不超过 3000 个。 D 20000 个以上。

122 中国最大的三个姓氏的总人口
 A 占全国人口的 8％ 以下。
 B 占全国人口的 19％。
 C 占全国人口的 22％ 以上。
 D 占全国人口的 87％。

123 "氏" 的正确读音是
 A xì B sì
 C zhì D shì

124 "马" 姓在中国
 A 是三大姓氏之一。 B 占总人口的 7.9％。
 C 占全国人口的 1％ 以上。 D 是已经消失的姓。

次の文章を読み、**125**から**126**までの問いに対して最も適当なものをA～Dの選択肢から選び、その記号をマークしなさい。

老师让学生们做算术题，比赛谁算得快。不到两分钟，一个学生先举手大叫："老师，是二百五！"大家全笑了。笑声未落，另一个学生也举手："老师，我也是二百五！"大家笑翻了。老师也笑了："好嘛，一个二百五老师，教出了一群二百五学生。"

125 　　大家为什么笑？
　　　　A　　因为学生们算得很快。
　　　　B　　因为老师在说笑话。
　　　　C　　因为他们很喜欢做算术题。
　　　　D　　因为两个学生说的话很好玩。

126 　　"二百五"在这里是什么意思？
　　　　A　　笨蛋。
　　　　B　　坏蛋。
　　　　C　　天才。
　　　　D　　庸才。

次の文章を読み、**127**から**129**までの問いに対して最も適当なものをA～Dの選択肢から選び、その記号をマークしなさい。

张先生：

　　您好。您还是那么忙吗？

　　今去信想告诉您，我完成了驻北京六年的工作任务，要回日本了。这几年不论是"公"还是"私"都得到了您的多方关照，在此深表谢意。虽然回日本了，但我还是从事与中国有关的工作，以后也请您多多关照。期盼着再次见面的那一天。

　　另外，我的工作由加纳康之接任，他今年25岁，以前在中国留过学，所以他的汉语非常好。今后跟敝公司联系时请找加纳康之。

　　我回国以后将在东京分公司工作，我的住址还没有确定，等确定下来之后再跟您联系。

　　望今后继续保持联系。

　　此致

敬礼

平田和宏
2011年3月20日

127 这是一封什么信？
- A 道歉信。
- B 辞别信。
- C 辞职信。
- D 慰问信。

128 平田向张先生交待了什么？
- A 回日本以后的具体工作。
- B 回日本后的联系方法。
- C 再次见面的时间。
- D 自己在中国的后任。

129 张先生与平田和宏可能是什么关系？
- A 兄弟。
- B 上司与部下。
- C 商务伙伴。
- D 师生。

次の文章を読み、130から132までの問いに対して最も適当なものをA～Dの選択肢から選び、その記号をマークしなさい。

　　昨日举行的中国地产年会对旧城改造问题进行了讨论。国家住房和城乡建设部政策研究室主任分析指出，中国的旧城改造在10年前就已经大规模展开了，"至少还有一半以上的住房在未来15年到20年得拆了重建。"因为1949年以前的旧房子已经有60-70年以上的房龄，除了个别有历史文物价值的，比如黄埔军校还要留着，其他基本没有保留价值。而1949-1979年建的住房也同样，很多是战备房、过渡房、简易房，大部分住房现在都成了需要改造的棚户区，除了个别有历史文物价值的，全部只有一个字"拆"。同时有业内人士认为旧城改造会推高房价。

130　　文中提到未来中国什么原因会推高房价？
　　　　A　　大规模旧城改造。
　　　　B　　保留有历史文物价值的旧房。
　　　　C　　所有的房屋都要拆了重建。
　　　　D　　旧房子已经有60-70年的房龄。

131　　什么样的房子还可以留下来？
　　　　A　　1949年以前的旧房子。
　　　　B　　已经有60-70年房龄的房子。
　　　　C　　1949-1979年建的房子。
　　　　D　　有历史文物价值的房子。

132　　"黄埔军校"属于以下哪一类？
　　　　A　　解放后建的战备房。
　　　　B　　应该保留下来的房子。
　　　　C　　需要改造的棚户区。
　　　　D　　得拆了重建的旧房。

次の文章を読み、133から136までの問いに対して最も適当なものをA～Dの選択肢から選び、その記号をマークしなさい。

往年暑假大学生集体订票必须预先将订票信息和钱交给学校，今年暑运与往年不同，学校只需将学生订票的信息统计出来交给铁路部门，铁路部门会给每个学生一个号码。学生凭号码可就近到火车票代售点或售票窗口交钱取票。

市铁路局负责人表示，今年学生订普通列车和动车组车票的数量各占一半，并且在订普通列车票的学生中，还有相当一部分购买普通列车卧铺票。据了解，大学生购买动车组车票和高铁车票打七五折。该负责人表示，从大学生集体订票的情况来看，大多数大学生购票"不差钱"。

133 今年暑假大学生集体订票的方式与往年有什么不同？
　　A　他们不再需要预先订票。　B　他们不再需要预先交钱。
　　C　他们不再需要付车费。　　D　他们不再需要去售票处买票。

134 今年学生订票情况如何？
　　A　大多数学生订了最便宜的普通列车票。
　　B　大多数学生订了飞机票。
　　C　订普通列车和动车组车票的各占一半。
　　D　有75%的学生购买动车组车票和高铁车票。

135 铁道部门对暑假学生订票有何优惠？
　　A　学生可凭订票号码乘车。
　　B　学生可以优先购买卧铺票。
　　C　动车组和高铁车票票价优惠。
　　D　可半价购买动车组车票。

136 今年暑假大学生订票情况给人什么印象？
　　A　学生家里有一定的经济实力。
　　B　学生的生活费不太充裕。
　　C　学生很在乎票价的差额。
　　D　所有学生都购买普通列车票。

次の文章を読み、137から140までの問いに対して最も適当なものをA～Dの選択肢から選び、その記号をマークしなさい。

　　十年前，在北京的一场大雪中，李暮月碰到了两位让她搭车的好心人。十年后，当李暮月在微博上发文追忆此事并希望寻找当时的好心人时，仅18分钟，她就如愿以偿。
　　2011年6月23日，北京突遇滂沱大雨，多处变成汪洋，出行困难。这场大雨让某杂志社主编李暮月想起了自己十年前在同样窘迫情况下的幸运经历。那是2001年的冬天，北京下了场大雪。那晚她刚到北京一个月，生活拮据。早晨把钱包忘在家里了，身上只有裤兜里剩下的3.5元，等要回家时，已经身无分文了，脸皮又薄，不敢去蹭公交。就在她又冷又饿又不识路，绝望无助地在积水潭桥头徘徊时，一辆车在身边停下，招呼她搭车。"记得车里两个好心人中有一位叫程池，车后座有一架琴，好像是玩音乐的。万能的"围脖"，请问他在这儿么？"23：33，李暮月在微博中这样问道。
　　仅3分钟，程池的好友——作词人崔恕就把李暮月的寻人感恩微博转发给了程池。"@程池music，你要找的人就是他。"
　　23：51，作曲、音乐制作人程池看到了这条寻人微博，不禁感叹："微博太强大了，谢好友崔恕转发给我。那天和好友维亚录完音回大兴时，大雪很可怕，非常冷，很多人没车在步行，就想顺路能捎上谁就捎上，刚好就碰见了你，你还记得名字，太牛了。这可是十年前的事儿啊。"
　　李暮月表示自己一直没忘那晚所受的帮助，一直想请程池和他的朋友吃顿好的，程池说一碗面就行。因此，网友笑称这事儿是网络时代的一碗阳春面，因为很多网友从中感受到了爱和善的力量。

137 　　　李暮月为什么要搭车？
　　　　　A　　因为那天下了大雨，出行困难。
　　　　　B　　因为下了大雪，天气很冷。
　　　　　C　　因为没有钱坐公交车。
　　　　　D　　因为她刚来北京。

138 　　　程池和他的朋友为什么招呼李暮月搭车？
　　　　　A　　因为他们认识李暮月。
　　　　　B　　因为他们看李暮月是个姑娘。
　　　　　C　　因为李暮月招手拦车。
　　　　　D　　因为他们想帮助在大雪中行走的人。

139 　　　网友为什么称这事儿是网络时代的一碗阳春面？
　　　　　A　　因为李暮月要请程池吃面。
　　　　　B　　因为程池只要一碗面的谢礼。
　　　　　C　　因为网友觉得"阳春面"可以形象地比喻爱和善。
　　　　　D　　因为3.5元只能买一碗阳春面。

140 　　　与本文内容不符的是以下哪一项？
　　　　　A　　是程池的朋友先看到李暮月的博文的。
　　　　　B　　李暮月看到车上有钢琴就没害怕。
　　　　　C　　程池非常佩服李暮月的记忆力。
　　　　　D　　网友们从这件事中感到了爱和善的力量。

Test of Communicative Chinese

II

中国語コミュニケーション能力検定
最新過去問題 解答・解説

第 1 部 | 基本数量問題

No.		選択肢	音声	音声訳
1		A 第 6 页 B 第 22 页 C 第 12 页 D 第 2 页	第十二页	12 ページ

解答 **C**

解説 ページの言い方。"第" dì と "页" yè（ページ）は選択肢すべてに使われているので、ここは "12" shí'èr が聞き取れるかがポイント。基本的な数字の読み方は押さえておきたい。

| **2** | | A 10909
B 10009
C 10099
D 10090 | 一万零九 | 10009 |

解答 **B**

解説 間に「0（ゼロ）」"零" líng が入った時の読み方。日本語では数字の中に入った0（ゼロ）は読まないが、中国語では読むことに注意。その際間に0がいくつ続いても0を読むのは1回だけとなる。

| **3** | | A 三十四岁左右
B 三十三岁左右
C 四十岁左右
D 三、四十岁左右 | 三、四十岁左右 | 3、40 歳くらい |

解答 **D**

解説 「3、40歳くらい」という概数表現だが、概数を示す "左右" zuǒyòu は全選択肢についているので、ここは "3、40" sān、sìshí（30から40）をどう読むかという問題。"4" sì と "10" shí は音がよく似ているので注意。

| **4** | | A 买二百减五十
B 买一百减四十
C 买一百减五十
D 买一千减五十 | 买一百减五十 | 100 元買ったら 50 元引く |

解答 **C**

解説 スーパーなどの販促用語。他に "买三送一" mǎi sān sòng yī（3つ買えば1つオマケ）など。使われている数字は難しくないが、"买" mǎi や "减" jiǎn が入って意味がつかめないとうっかりして聞き逃してしまうことも。

| **5** | | A 3.67
B 13.7
C 3.07
D 33.7 | 三十三点七 | 33.7 |

解答 **D**

解説 小数の読み方。小数点は "点" diǎn と読み、小数点以下は何けたでも粒読みにする。ここでは "7" qī とだけ読めばよい。

No.	選択肢	音声	音声訳
6 解答 **B**	A 八十八楼五号房间 B 八十六楼五号房间 C 六十六楼五号房间 D 六十八楼五号房间	八十六楼五号房间	86号棟5号室

解説：団地などの部屋番号の読み方。"～楼" ~lóu はここでは「～号棟」の意味で使われている。"～号房间" ~hào fángjiān は「～号室」。複雑な音の構成の中で "86" bāshiliù が聞き取れるかどうかがポイント。

| **7** 解答 **A** | A 2/3（三分之二）
B 1 3/4
C 1/2
D 2 4/5 | 三分之二 | 3分の2 |

解説：分数の読み方。分数は "分之" fēn zhī（～分の）を使う。2/3 が表示されている時、日本語と同様分母の "3" sān から読み始める。帯分数は "又" yòu を使い、1 3/4 なら "1又4分之3" yī yòu sì fēn zhī sān という。

| **8** 解答 **D** | A 周五3点
B 周六5点
C 周一3点
D 周一5点 | 周一五点 | 月曜日5時 |

解説：曜日と時間。曜日は "星期" xīngqī や "礼拜" lǐbài のほか "周" zhōu も使う。"周一" zhōuyī は「月曜日」。ここでは "周～～点" zhōu~~diǎn（～曜日～時）という構造の中で、"一" yī や "五" wǔ が聞き取れるかどうかがポイント。

| **9** 解答 **B** | A 4312
B 1341
C 1372
D 4321 | 一千三百四十一 | 1341 |

解説：4けたの数字の読み方。粒読みではなく、千、百、十という位数を入れて読む。また日本語では千いくらの場合、これを「一千～」とは読まず、「千～」と読むことが多いが、中国語では必ず頭に1を入れて読む。

| **10** 解答 **D** | A 48+12
B 54−35
C 87+23
D 74−12 | 七十四减十二 | 74−12 |

解説：引き算の読み方。+や−はそれぞれ "加" jiā "減" jiǎn と読む。ここでは "減" jiǎn という音が間に入った時、"74" qīshisì や "12" shí'èr が聞き取れるかどうかがポイント。またここでは引き算の問題になっているが、かけ算やわり算の読み方も押さえておこう。

第2部　図画写真問題

No.	図画	音声	訳
11 解答 **A**	（カメラと写真の図）	A 相机 B 飞机 C 耳机 D 手机	A カメラ B 飛行機 C イヤホン、ヘッドホン D ケータイ

解説：いずれも"～机"~jī がつく単語。カメラは "照相机" zhàoxiàngjī だが "相机" xiàngjī ともいう。こうした"～机"のつく単語を集めて覚えておくとよい。

| **12** 解答 **A** | （看護師の図） | A 护士
B 律师
C 博士
D 老师 | A 看護士
B 弁護士
C 博士
D 先生 |

解説：音声はいずれも語尾に ~shì あるいは ~shī という音がつく単語。"士"なのか"师"なのか、こうした語尾を持つ単語もまた集めて覚えておこう。「看護士」は "护士" hùshi、「弁護士」は中国語では "律师" lùshī となる。

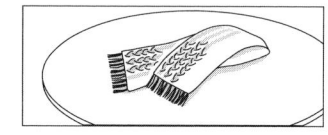

| **13** 解答 **D** | （タオルの図） | A 餐巾
B 枕巾
C 毛巾
D 围巾 | A ナプキン
B 枕カバー
C タオル
D マフラー |

解説：ここに出てくる単語も日常的によく使う言葉。すべて語尾に "巾" jīn（「布」の意味）がつく。これらの語を知ってさえいれば容易に解答できる。1, 2同様、日常用語の中で語尾が同じものを集めるという学習をしておくとこの種の問題の対策になる。

| **14** 解答 **C** | （キーボードとマウスの図） | A 门票
B 车票
C 鼠标
D 路标 | A チケット
B 切符
C マウス
D 道路標識 |

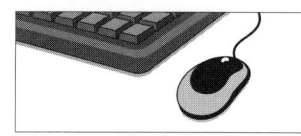

解説：音声はすべて語尾が ~piào あるいは ~biāo になるもの。「マウス」"鼠标" shǔbiāo を知っていればすぐ答えられる。日常よく使うパソコン用語も押さえておきたい。また有気音、無気音の違いに注意を払って発音の練習をしていると聞き取り力がアップする。

| **15** 解答 **D** | （稲光の図） | A 商店
B 雷达
C 电灯
D 闪电 | A 店
B レーダー
C 電灯
D 稲光（いなびかり） |

解説：音声は順に shāngdiàn、léidá、diàndēng、shǎndiàn。いずれも「雷」が連想させる "电" diàn "雷" léi "闪" shǎn やそれに似た音が読まれている。特に "商店" shāngdiàn の "商" shāng は "闪" shǎn に似ているので要注意。声調を正確に覚えておきたい。

No.	図画	音声	訳

16 
解答 **B**

音声：
A 开门
B 敲门
C 关门
D 锁门

訳：
A ドアをあける
B ノックする
C ドアを閉める
D ドアにカギをかける

解説：音声はいずれも動詞・目的語構造で"门"mén（ドア）を目的語としている。"开"kāi（あける）、"敲"qiāo（たたく）、"关"guān（しめる）、"锁"suǒ（ロックする）という動詞の意味を音でとらえることができるようにしたい。

---

17 
解答 **C**

音声：
A 打开电脑
B 发短信
C 复印资料
D 开会讨论

訳：
A パソコンをあける
B 携帯メールを送る
C 資料をコピーする
D 会議で話し合う

解説：A、B、Cとも動詞・目的語構造。"短信"duǎnxìnは日本で「ショートメール」や「Cメール」と呼ばれる携帯電話のメール機能のこと。ここでの正解「コピーする」は"拷贝"kǎobèiともいう。これは英語「コピー」の音訳。

---

18 
解答 **A**

音声：
A 晒被子
B 晾衣服
C 叠被子
D 打毛衣

訳：
A かけぶとんを干す
B 洗濯物を干す
C かけぶとんをたたむ
D セーターを編む

解説：こちらも動詞・目的語構造。"晒"shài（日に当てる）、"晾"liàng（干す）、"叠"dié（たたむ）、"打"dǎ（ここでは「編む」）の意味を押さえたい。こうした生活によく出てくる単音節動詞を耳で覚えていこう。

---

19 
解答 **A**

音声：
A 蹲下
B 坐下
C 跑过来
D 站起来

訳：
A しゃがむ
B 坐る
C 走ってくる
D 立ち上がる

解説：いずれも動詞＋方向補語の組み合わせ。"蹲"dūnと"坐"zuòの違いはお尻が地面や床についているかどうか。ついていれば"坐"ついていなければ"蹲"。絵のしぐさは"蹲"。

---

20 
解答 **D**

音声：
A 打哈欠
B 打哆嗦
C 打喷嚏
D 打盹儿

訳：
A あくびをする
B ふるえる
C くしゃみをする
D ウトウトする

解説：いずれも"打"dǎを使った動詞・目的語フレーズ。こうした面白い表現はイディオムとして覚えてしまおう。同タイプに"打耳光"dǎ ěrguāng（ビンタを張る）、"打嗝儿"dǎ gér（しゃっくりをする、ゲップが出る）、"打呼噜"dǎ hūlu（いびきをかく）などもある。

No.	写真	音声	訳
21 解答 **D**		A 有一个人戴着眼镜。 B 他们在看网球比赛。 C 毕业典礼正在举行。 D 大家都戴着帽子。	A 眼鏡をかけている人が一人いる。 B 彼らはテニスの試合を見ている。 C 卒業式がちょうど行われている。 D みんな帽子をかぶっている。
解説	音声が流れる前によく写真を見ておこう。眼鏡をかけている人物は二人いるから A は×。テニスの試合を見ているのかどうか、写真からは	わからないので B も×。卒業式かどうかも写真からはわからないので C も×。皆帽子をかぶっているので D が正解。
22 解答 **B**		A 小孩儿没穿袜子。 B 小孩儿穿着鞋。 C 小孩儿的头发很长。 D 小孩儿的牙齿很白。	A 子どもは靴下をはいていない。 B 子どもは靴をはいている。 C 子どもの髪の毛は長い。 D 子どもの歯は白い。
解説	"袜子" wàzi "鞋" xié "头发" tóufa "牙齿" yáchǐ など日常生活に不可欠な単語は聞き取れるだろうか。"牙齿"はやや難しいが、全体の	8割くらいの単語の意味がわかっていれば答えは類推できる。
23 解答 **D**		A 女孩儿一边写字，一边看电视。 B 女孩儿一边说话，一边写信。 C 女孩儿趴在桌子上睡觉。 D 女孩儿右手握着一枝笔。	A 女の子は字を書きながらテレビを見ている。 B 女の子はおしゃべりしながら手紙を書いている。 C 女の子は机にうつぶせて眠っている。 D 女の子は右手にペンを握っている。
解説	写真の女の子は字を書いているように見えるがテレビを見ているかどうかはわからないので A は×。あきらかにおしゃべりはしていないので	B も×。眠ってはいないので C も×。右手でペンを握っているので D が正解。C の音声にある "趴" pā は「つっ伏す」。

24

解答 **D**

A 他们正从车上下来。
B 女的正从楼梯上走下来。
C 老奶奶在车里边儿。
D 男的站在老奶奶旁边儿。

A 彼らはちょうど車から下りたところだ。
B 女性が階段から下りてくる。
C おばあさんは車の中にいる。
D 男性がおばあさんのそばに立っている。

解説 写真の中の三人の人物は皆すでに車から下りているのでAは×。"正"zhèng（ちょうど）に注意。階段は写真の中にないのでBも×。おばあさんは車の外にいるのでCも×。"里边"lǐbian（中）に注意。男性は確かにおばあさんのそばに立っているのでDが正解。

25

解答 **A**

A 她手里拿着一个茶壶。
B 桌子上摆着很多菜。
C 墙上挂着一件衣服。
D 她在用小勺搅拌咖啡。

A 彼女は手にティーポットを持っている。
B テーブルにはたくさんの料理が並んでいる。
C 壁に服が一着かかっている。
D 彼女はスプーンでコーヒーをかき混ぜている。

解説 写真の人物は手にティーポットを持っているのでAが正解。テーブルに料理はないのでBは×。壁に服はかかっていないのでCも×。スプーンでコーヒーをかき混ぜる動作はしていないのでDも×。"小勺"xiǎosháo（スプーン）、"搅拌"jiǎobàn（かき混ぜる）。

26

解答 **A**

A 戴帽子的人右手拿着香烟。
B 两个男的在下围棋。
C 一个人坐在沙发上睡觉。
D 穿毛衣的人在黑板上写字。

A 帽子をかぶった人は右手にタバコを持っている。
B 二人の男性が碁を打っている。
C 一人の人がソファで眠っている。
D セーターを着た人が黒板に字を書いている。

解説 写真の人物のうち帽子をかぶった男性は右手にタバコを持っているのでAは正解。二人の男性は碁を打っていないのでBは×。どちらも眠っていないのでCも×。セーターを着ている人はいないのでDも×。Bの音声にある"下围棋"xià wéiqí は「碁を打つ」。

27

解答 **C**

A 老奶奶手里提着大灯笼。
B 孩子们走在老奶奶前边。
C 老奶奶拉着两个孩子的手。
D 四个孩子坐在老奶奶身边。

A おばあさんは手に大きな提灯を提げている。
B 子どもたちはおばあさんの前を歩いている。
C おばあさんが二人の子どもの手を引っぱっている。
D 四人の子どもがおばあさんのそばに座っている。

解説 写真の中のおばあさんは提灯を持っていないのでAは×。子どもたちは歩いていないのでBも×。座っている子どももいないのでDも×。おばあさんは子どもの手を引っ張っているように見えるのでCが正解。Aにある"提"tí は「提げる」、Cの"拉"lā は「引く」。

第2部　図画写真問題　129

28

解答 **A**

A	有几个人在打太极拳。	何人かが太極拳をやっている。
B	有几个人在大厅里跳舞。	何人かがホールでダンスをしている。
C	树林里有几个人在跑步。	林の中で何人かがジョギングをしている。
D	树下有几个人在乘凉。	木の下で何人かが涼んでいる。

解説　写真では何人かが武道の稽古をしているように見えるが、太極拳だと言いきれない場合は消去法で考えよう。建物の中でダンスをしていないのでBは×。ジョギングでもないのでCも×。涼んでいないのでDも×。消去法でA。Cの"跑步" pǎobù は「ジョギングする」。

29

解答 **C**

A	大人抱着一个孩子。	大人が子どもを一人抱いている。
B	大人领着两个孩子。	大人が子どもを二人引率している。
C	一个孩子骑在大人肩上。	子どもが一人大人に肩車されている。
D	两个孩子坐在大人身上。	二人の子どもが大人の体の上に坐っている。

解説　写真の男性は子供を抱っこしていないのでAは×。"领" lǐng（引率する、引き連れる）という情景ではないのでBも×。子どもは二人いるが坐ってはいないのでDも×。子どもを一人肩車しているのでCが正解。"骑在肩上" qízài jiānshang（肩車をする）。

30

解答 **B**

A	光着上身的男孩儿穿着长裤。	上半身はだかの男の子は長ズボンをはいている。
B	两个男孩儿都朝着一个方向看。	二人の男の子が同じ方向を見ている。
C	两个男孩儿都站在草地上。	二人の男の子が草むらに立っている。
D	穿着背心的男孩儿戴着帽子。	ランニングを着た男の子は帽子をかぶっている。

解説　写真の中の上半身はだかの男の子は半ズボンをはいているのでAは×。二人とも草むらに直接立っているわけではないのでCも×。二人とも帽子をかぶっていないのでDも×。同じ方向を見ているのでBが正解。"光着上身" guāngzhe shàngshēn（上半身はだかだ）。

第3部 会話形成問題

No.	設問と選択肢音声	訳

31

甲：你爱人在哪儿工作?
乙：A 他上班去了。
　　B 他刚走。
　　C 他今天不工作。
　　D 他在大学工作。

甲：ご主人はどこにお勤めですか？
乙：A 彼は出勤しました。
　　B 彼は出かけたところです。
　　C 彼は今日仕事をしません。
　　D 彼は大学で働いています。

解答 **D**

解説　配偶者の勤め先を聞かれた時の答えとしてふさわしいものを選ぶ。A～Cとも仕事と関係のありそうな言葉は入っているが話としてつながらない。つながるのはDのみ。初級者もここは意味を聞き取れるようにしてほしい。

32

甲：我们一起去图书馆，怎么样?
乙：A 慢走。
　　B 好啊!
　　C 不是。
　　D 我不看。

甲：いっしょに図書館に行きませんか？
乙：A お気をつけて。
　　B いいですとも！
　　C いいえ違います。
　　D 私は見ません。

解答 **B**

解説　図書館に行こうという誘いの言葉にふさわしい答えを選ぶ。Aは別れたり客を送る時のあいさつ語。CDとも答えとしてはつながらない。正解はB。

33

甲：学校已经开学了吗?
乙：A 还没呢。
　　B 打不开。
　　C 学过了。
　　D 还行。

甲：学校はもう始まりましたか？
乙：A まだです。
　　B 開けられません。
　　C 学び終えました。
　　D まあまあです。

解答 **A**

解説　"开学" kāixué は「学校が始まる、始業する」。Bの音声にある "打不开" dǎbukāi は "打开" dǎkāi（開ける）の不可能形で「開けることができない」。"学过了" xuéguole の "过了" guole は、動作の終結を意味する "过" に "了" le がついたもの。「学び終えた」。

34

甲：您来点儿什么?
乙：A 来一瓶啤酒，半斤饺子。
　　B 我从日本来。
　　C 我十一点来。
　　D 我来付钱。

甲：何になさいますか？
乙：A ビールを1本と餃子を半斤（250グラム）お願いします。
　　B 私は日本から来ました。
　　C 私は11時に来ます。
　　D 私が払います。

解答 **A**

解説　レストランなどで注文を取りに来た店員さんへの応答。答えとしてふさわしいのはA。"半斤" bànjīn は "1斤" yìjīn（500グラム）の半分。中国でギョーザは一般に小麦粉の重さで注文する。甲やAの "来" lái は「持ってくる」。Dの "来" は動作への積極性を示す。

35

甲：师傅，到机场要多长时间?
乙：A 出租车最方便。
　　B 一百块就够了。
　　C 用不了一个小时。
　　D 提前两个小时到机场。

甲：運転手さん、空港まではどのくらいの時間がかかりますか？
乙：A タクシーが一番便利です。
　　B 100元で十分です。
　　C 1時間もかかりません。
　　D 2時間前には空港に着きます。

解答 **C**

解説　甲は空港までの時間を聞いている。"师傅" shīfu はタクシーの運転手さんへの呼びかけによく使う。ABは話がつながらない。CDとも時間について答えているが、Dの答えは質問への答えより一歩先に行ってしまっている。"用不了" yòngbuliǎo は「必要としない」。

No.	設問と選択肢音声	訳

36
解答 **D**

甲：你教教我打网球吧。
乙：A 他们乒乓球打得不错。
　　B 那太谢谢你了。
　　C 他什么时候都方便。
　　D 你真想学啊？

甲：テニスを教えてくださいよ。
乙：A あの人たちピンポンがうまいね。
　　B それはありがとうございます。
　　C 彼はいつでも都合がいいです。
　　D 本当に教わりたいの？

解説

テニスを教えてほしいという要請に対する答え。AB とも話がつながらない。C は主語が"他" tā（彼）なのでやはり話がつながらない。

正解としては「はい、教えてあげます」の意味の中国語が来そうだが、こうした場面では D のような応答もありうる。

37
解答 **B**

甲：除了汉语以外，您还会说什么外语？
乙：A 英文和法律。
　　B 英语和法语。
　　C 英国和法国。
　　D 英雄和好汉。

甲：中国語以外にどんな外国語を話すことができますか？
乙：A 英語と法律です。
　　B 英語とフランス語です。
　　C イギリスとフランスです。
　　D 英雄と好漢です。

解説

中国語以外に話せる外国語について聞いている。A は「法律」という答えがおかしい。C は国名になってしまっている。D は "英雄"

yīngxióng の "英" yīng が "英语" yīngyǔ の "英" と同じであることから作られた惑わし選択肢。"好汉" hǎohàn は「立派な男」。

38
解答 **C**

甲：你买的西瓜多少钱一斤？
乙：A 西瓜汁儿十二块钱一杯。
　　B 西红柿比南瓜便宜一点儿。
　　C 六毛钱一斤，很便宜。
　　D 太大了，我一个人搬不动。

甲：あなたが買ったスイカは1斤いくらですか？
乙：A スイカジュースは1杯12元です。
　　B トマトはかぼちゃよりちょっと安いです。
　　C 1斤6角でとても安いです。
　　D 大きいですね、私一人では運べません。

解説

スイカの値段を聞いている。A の "西瓜汁儿" xīguā zhīr は「スイカジュース」。B は話題が異なる。C が答えとしてふさわしい。D は話題

がずれている。"搬不动" bānbudòng は可能を表す "搬得动" bāndedòng の否定形で、「持ち運ぶことができない」という意。

39
解答 **D**

甲：明天要交这么多作业，我们今晚得开夜车了。
乙：A 作业可以今天交啊。
　　B 今天不坐车。
　　C 夜里车不多。
　　D 没办法，加油吧。

甲：明日こんなにたくさんの宿題を提出しなきゃいけないので、僕たち今夜は徹夜だね。
乙：A 宿題は今日出すことができますよ。
　　B 今日は車に乗りません。
　　C 夜は車が多くはありません。
　　D しょうがない、頑張ろう。

解説

明日提出の宿題のために今夜は徹夜だという言葉への応答。"交作业" jiāo zuòyè は「宿題を提出する」。"开夜车" kāi yèchē は「徹夜をす

る」という意味の慣用表現。A は話がまったくつながらないということはないが、D の方が自然。BC は車の話題で惑わし選択肢。

No.	設問と選択肢音声	訳
40 解答 **D** 解説	甲：你能帮我把这张十块的破开吗？ 乙：A 今天的汇率低了点儿。 　　B 拿来，我给你缝一下。 　　C 十块一张？太贵了！ 　　D 我也都是整的。 10元札紙幣をくずしてもらえるかどうかの依頼表現。"破开" pòkāi は「（額面の大きなお札を）くずす」。Aはレートの話で意味がずれる。	甲：この10元札くずれますか？ 乙：A 今日のレートは少し下がった。 　　B 持ってらっしゃい、縫ってあげる。 　　C 1枚10元？　高すぎる！ 　　D 私も持ち合わせがみんな大きなお札なんです。 "汇率" huìlǜ は「レート」。Bの"缝" féng は「縫う」。BCとも惑わし選択肢。Dの答えが自然。"整" zhěng（まとまっている）。
41 解答 **B** 解説	甲：你是大学生吗？ 乙：不，我是公司职员。 甲：A 我也不是公司职员。 　　B 原来你不是大学生。 　　C 原来你不是公司职员。 　　D 我也是大学生。 大学生だと思ったら「会社員だ」という返事が返ってきた時にふさわしい反応を選ぶ。ACDはつじつまが合わない。Bの答えが自然。	甲：あなたは大学生ですか？ 乙：いいえ、会社員です。 甲：A 私も会社員ではありません。 　　B 大学生だと思ったら違うんですか。 　　C 会社員だと思ったら違うんですか。 　　D 私も大学生です。
42 解答 **A** 解説	甲：今天的雨下得真大。 乙：是啊。下得可真大。 甲：A 电车都停了。 　　B 没坐车。 　　C 不会下雨吧！ 　　D 不看电视。 大雨の様子を告げると、「まったくだ」という返事が返ってくる。それに対する反応。BCDでは話がつながらない。ここでは「雨がひどい	甲：今日の雨はひどいですね。 乙：まったくです。本当にひどい。 甲：A 電車も止まってしまいました。 　　B 車には乗っていません。 　　C 雨は降らないでしょう。 　　D テレビは見ません。 と電車も止まってしまう」という情景への連想力が必要になってくる。母語では当たり前だが外国語ではなかなか難しい。
43 解答 **C** 解説	甲：刚才的电话是你爱人打来的吧。 乙：你怎么知道？ 甲：A 他马上就到。 　　B 你爱人一下飞机就来了。 　　C 一听你的口气就知道。 　　D 我在你家见过他。 電話をかけ終わると「ご主人からの電話ですね」と聞かれ、「どうしてわかったんですか」と答えた後の反応。ABは話がつながらない。	甲：今の電話はご主人からでしょう。 乙：どうしてわかるんですか？ 甲：A 彼はすぐ来ます。 　　B ご主人は飛行機から下りるとすぐ来ました。 　　C 口ぶりでわかります。 　　D お宅で彼にお会いしたことがあります。 Dも話のつじつまが合わない。Cが正解。"一~就~" yī~jiù~（~するとすぐに~だ）、"口气" kǒuqì（口調、口ぶり）。

No.	設問と選択肢音声	訳
44 解答 **D**	甲：小李，听你老婆说，你最近总不在家吃晚饭。 乙：应酬太多，没办法。 甲：A 晚饭最好不在家吃。 　　B 小李的老婆身体不好。 　　C 小李每天在家吃晚饭。 　　D 那你身体吃得消吗？	甲：李さん、あなたの奥さんの話では、あなたは最近いつも家では夕食を食べないんですってね。 乙：つきあいが多いからしかたないんですよ。 甲：A 夕食は家で食べない方がよい。 　　B 李さんの奥さんは体が弱い。 　　C 李さんは毎日家で夕食を食べる。 　　D そんなであなた体がもつの？
解説	家で夕食を食べていないのかという問いかけに、「つきあいが多くて」と返事をした時の反応。Cは論外。B "小李" xiǎo-Lǐ が呼びかけではなく主語になっているところが不自然。Aの返事はまったくないとは言えないがDの方が自然。"吃得消" chīdexiāo（耐えられる）。	

No.	設問と選択肢音声	訳
45 解答 **B**	甲：我一直期待能去上海工作，我的愿望终于实现了。 乙：看你兴奋的，都准备好了吗？ 甲：A 祝你一路顺风啊。 　　B 就差皮箱没买了。 　　C 你有什么愿望啊？ 　　D 有什么工作呢？	甲：ずっと上海で仕事がしたいと思っていましたが、やっと願いがかないました。 乙：あらあらそんなに興奮して。準備はできたの？ 甲：A 道中ご無事で！ 　　B スーツケースだけまだ買っていないんです。 　　C どんな願いがあるの？ 　　D どんな仕事があるの？
解説	上海での仕事の希望がかなったと言うと「準備はできたのか」と聞かれる。その時の反応。Aは旅行に出かける人にかける祝福の言葉で、ここではあり得ない。CやDも話がつながらない。Bが自然。"就差～没买了" jiù chà ~ méi mǎi le（～だけまだ買っていない）。	

No.	設問と選択肢音声	訳
46 解答 **C**	甲：这场球踢得真棒！ 乙：不错，有水平。 甲：A 不怎么样。 　　B 女主角演得好。 　　C 没白来。 　　D 我替你喝。	甲：今回のサッカーの試合はすばらしい！ 乙：そのとおり！ ハイレベルだった。 甲：A たいしたことはない。 　　B 女優の演技が良かった。 　　C 来たかいがあった。 　　D あなたに代わって飲みます。
解説	サッカーの試合を見に来ての会話。すばらしい試合だったと言われて「そのとおりだ」と応じた時の反応。Aはあり得ない。BやDも話題が異なる。C "没白来" méi bái lái は「むだに来たということはなかった」、つまり「来たかいがあった」。	

No.	設問と選択肢音声	訳
47 解答 **B**	甲：喂，请问王科长在家吗？ 乙：噢，他刚出去，晚上才回来。 甲：A 对不起，我打错了。 　　B 那我晚上再打吧。 　　C 请叫王科长接一下电话吧。 　　D 请告诉我王科长家电话。	甲：もしもし、王課長はいらっしゃいますか？ 乙：ちょうど出かけたところです。夜には戻ります。 甲：A すみません。かけまちがいました。 　　B では夜またかけます。 　　C 王課長にかわっていただけますか。 　　D 王課長の家の電話番号を教えてください。
解説	電話での応答。電話をかけた相手は出かけており夜帰ってくるという返事を受けた後の反応。ACDともあり得ない。Bが自然。この問題は電話応答の典型例が出ているので、ついでに皆覚えてしまおう。	

134

No.	設問と選択肢音声		訳	
48 解答 **D**	甲：听说你在报社工作？ 乙：我以前在报社工作，现在在电视台。 甲：A 你打算什么时候离开报社？ 　　B 你在报社工作几年了？ 　　C 你打算在报社工作几年？ 　　D 你是什么时候离开报社的？		甲：新聞社でお仕事をしてらっしゃるそうですね。 乙：以前は新聞社で働いていましたが、今はテレビ局です。 甲：A いつ新聞社をやめるつもりですか？ 　　B 新聞社ではどのくらい働いていらっしゃるんですか？ 　　C 新聞社ではどのくらい働くつもりですか？ 　　D いつ新聞社をやめたんですか？	
解説	いずれも似た表現だが、語尾や文構造に注意して過去の話か現在か未来かを押さえよう。Aは未来の話。新聞社はもうやめているのでおかし		い。Bは今の話。今は新聞社にはいない。Cも未来の話。Dは"是～的" shì~de 構文が使われていて過去の話。これが正解。	
49 解答 **B**	甲：上个月你姐姐生孩子了？ 乙：对。她生的是双胞胎，都是男孩儿。 甲：A 她家有一男一女，家庭很幸福。 　　B 她家一下有了两个孩子，应该挺热闹的。 　　C 她家一共有两只猫，都是黑色的。 　　D 你说得对，生男生女都一样。		甲：先月お姉さんにお子さんが生まれたんですって？ 乙：ええ。双子が生まれました。どちらも男の子です。 甲：A お姉さんのお家では一男一女に恵まれてお幸せですね。 　　B お姉さんのお家では一挙に二人のお子さんが生まれて、さぞにぎやかでしょうね。 　　C お姉さんのお家には2匹の猫がいて、両方とも真っ黒です。 　　D あなたの言うのは正しい。男が生まれようと女だろうと同じです。	
解説	双子の男の子が生まれたということを聞いての反応。Aは一男一女と言っている。Cは猫の話。Dは子どもは男女どちらでもいいという男		女平等論を聞いた後の反応。Bが自然。"双胞胎" shuāngbāotāi は双子。	
50 解答 **A**	甲：大学毕业后，你有什么打算？ 乙：我打算出国，镀镀金。你呢？ 甲：A 我也想去留学，学英语。 　　B 你朋友在寻找海外工作的机会。 　　C 我刚回来，还没收拾好东西。 　　D 他们公司有好几个海外分公司。		甲：大学を出たあと、あなたはどうするつもりですか？ 乙：外国に行って箔をつけるつもりです。あなたは？ 甲：A 私も留学して英語を勉強したい。 　　B あなたの友達は海外で仕事をする機会をさがしています。 　　C 私は戻ったばかりでまだ片付けていません。 　　D 彼らの会社にはいくつもの海外支社があります。	
解説	"镀金" dùjīn（箔をつける）が聞き取れるかどうか、また外国への留学は「箔をつける」ためという考え方が中国にはあるが、そうした風潮		を知っているかどうかがポイント。言葉の勉強には、言葉の背後にある社会事情への理解も不可欠。	

第4部 会話散文問題

No.	音声	訳
51―52	男：我已经很长时间没看电影了。 女：那你最后一次看电影是什么时候? 男：大概是三个月以前吧。我最喜欢看美国电影。	男：私は長いこと映画を見ていません。 女：では最後に見たのはいつ頃ですか? 男：3ヶ月くらい前でしょう。私が一番好きなのはアメリカ映画です。

51

解答 **C**

男的最后一次看电影是什么时候?
- A 一个月以前。
- B 两个月以前。
- C 三个月以前。
- D 四个月以前。

男性が最後に映画を見たのはいつ頃ですか?
- A 1ヵ月前。
- B 2ヵ月前。
- C 3ヵ月前。
- D 4ヵ月前。

解説 会話問題では音声が流れる前に印刷されている問いと選択肢に目を通しておくこと。どんな内容かある程度予想がつく。ここでは「最後に映画を見たのはいつか」が問われている。まずはそこに集中して内容を聞こう。

52

解答 **D**

男的最喜欢看什么电影?
- A 中国电影。
- B 韩国电影。
- C 日本电影。
- D 美国电影。

男性が一番好きなのはどんな映画ですか?
- A 中国映画。
- B 韓国映画。
- C 日本映画。
- D アメリカ映画。

解説 ここでは国名が聞き取れるかどうかが問われている。よく使われる国名は基本単語として覚えておこう。また最初の問題に意識を集中させすぎると、二番目の問題の内容を聞き逃してしまったりするので注意。

No.	音声	訳
53―54	女：田中，新年你打算去哪儿玩儿? 男：我想去香港玩儿。我还一次都没去过呢，你呢? 女：我去过两次，都是因为工作。 男：是嘛。真羡慕你。	女：田中さん、お正月はどこかに遊びに行くんですか? 男：香港に行きたいと思っています。一度も行ったことがないんですよ。行ったことおありですか? 女：2回あります。どちらも仕事です。 男：そうですか。それは羨ましい。

53

解答 **A**

田中去过香港吗?
- A 没去过。
- B 去过一次。
- C 去过两次。
- D 去过几次。

田中さんは香港に行ったことがありますか?
- A ありません。
- B 1回行ったことがあります。
- C 2回行ったことがあります。
- D 何回か行ったことがあります。

解説 香港に行ったことがあるかどうか、田中さんという男性が聞かれている。男性は"一次都没去过" yí cì dōu méi qùguo（一度も行ったことがない）と答えている。動詞の後ろに付く"~过"~guo（~したことがある）の表現を聞き取れるようにしておきたい。

No.	音声	訳
54 解答 **C**	女的去香港做什么？ A 玩儿。 B 学习。 C 工作。 D 生活。	女性は香港に何をしに行ったのですか？ A 遊び。 B 勉強。 C 仕事。 D 生活。
解説	一つ一つの単語は難しくないはずだが、会話として一つの流れを持つとそこにある論理をつかむのが難しくなる。論理をつかめないと答えが	見出せない。上達のコツは聞いてすぐわかる単語を増やすことに尽きる。"羨慕" xiànmù（羨ましい）。

| **55**
\|
56 | 男：今天的会议几点开始？
女：本来是下午两点开，但是因为老板有事，所以改三点了。
男：老板干什么去了？
女：他去跟日本客人一起吃午饭了。
男：公司的日本客人什么时候回国？
女：他们可能是先去上海，再回日本。 | 男：今日の会議は何時に始まりますか？
女：午後2時のはずでしたが、社長が用事があるとかで3時になりました。
男：社長は何しに出かけたんですか？
女：日本からのお客さんといっしょにお昼を食べに行ったんです。
男：会社の日本からのお客さんはいつ帰国するのですか？
女：まず上海に行って、それから日本に帰るのではないでしょうか？ |

| **55**
解答
B | 今天的会议几点开？
A 两点。
B 三点。
C 四点。
D 五点。 | 今日の会議は何時に始まりますか？
A 2時。
B 3時。
C 4時。
D 5時。 |
| 解説 | 流れてくる音声量が増えたが落ち着いて聞こう。不安になるとそれだけで音は聞き取れなくなってしまう。"本来" běnlái（もともとは）、 | "改" gǎi（変わる）が聞き取れないと正解が導けない。「もともと2時だったが3時に変わった」と言っている。 |

| **56**
解答
A | 为什么会议时间发生变化了？
A 因为老板和日本客人去吃午饭了。
B 因为老板要去日本。
C 因为日本客人回国了。
D 因为老板生病了。 | なぜ会議の時間は変更になったんですか？
A 社長が日本からのお客さんと昼食を食べに出かけたから。
B 社長が日本に行くので。
C 日本からのお客さんが帰国したので。
D 社長が病気になったので。 |
| 解説 | 問いの音声と答えの音声は"为什么" wèishénme（なぜ）、"因为" yīnwei（なぜならば）の組み合わせになっているが、最初の音声の中 | の"因为"の後には"有事" yǒushì（用事がある）しか来ていない。その後の話の内容がつかめていないと答えが出ない。 |

No.	音声	訳
57–58	女：不好意思，请把车窗打开一点儿好吗？ 男：你不舒服？ 女：我有点儿晕车。 男：要不要找个地方停一会儿车？	女：すみません、車の窓をちょっと開けていただけますか？ 男：気分が悪いんですか？ 女：少し車酔いしたようで。 男：どこかでちょっと車を停めましょうか？

57

女的怎么了？
- A 发烧。
- B 晕船。
- C 呕吐。
- D 晕车。

女性はどうしたのですか？
- A 熱を出した。
- B 船酔いした。
- C 吐いた。
- D 車酔いした。

解答 **D**

解説：" 车窗 " chēchuáng（車の窓）、" 不舒服 " bù shūfu（気分が悪い）、" 晕车 " yùnchē（車酔いする）という言葉が聞き取れれば、車の中での会話だということがわかる。選択肢の中の " 晕船 " yùnchuán は「船酔いする」。

58

女的让男的做什么？
- A 打开车门。
- B 停车。
- C 打开车窗。
- D 下车。

女性は男性に何をしてもらおうとしているのですか？
- A ドアを開ける。
- B 車を停める。
- C 車の窓を開ける。
- D 車から下りる。

解答 **C**

解説：問いの中の " 让男的做什么 " ràng nánde zuò shénme は「男性に何をさせるのか」という使役文。最初に流れる音声に " 请～好吗？" Qǐng~hǎo ma?（～していただけますか？）という丁寧な依頼文が使われているので、この文の中で言っている内容を選ぶ。

No.	音声	訳
59–60	男：我们有整整24年没见了！ 女：可不是！光阴似箭，毕业这么多年了。 男：上学的时候咱们班你最活跃了。现在过得好吗？ 女：还行吧。你跟老师同学都有联系吗？ 男：我常跟刘平老师联系。	男：まるまる24年お会いしていませんでしたね。 女：本当に！光陰矢の如しですね。卒業してからこんなに時間が経ってしまいました。 男：学生時代僕たちのクラスであなたが一番活発でした。お元気ですか？ 女：まあまあです。先生やクラスの人たちとは連絡を取り合っているんですか？ 男：劉平先生とはいつも連絡を取り合っていますよ。

59

他们有多少年没见了？
- A 4年。
- B 14年。
- C 20年。
- D 24年。

彼らはどのくらい会っていませんでしたか？
- A 4年。
- B 14年。
- C 20年。
- D 24年。

解答 **D**

解説：ここは数字の聞き取りの問題になっている。初級者にとって "4" sì と "10" shí は聞き分けが難しい。ここでは "24" èrshisì となっているが "2" がつくだけで難度が増す。会話の中で数字がくっきりと聞こえてくるよう耳を鍛えよう。

No.	音声	訳
60 解答 **B**	他们是什么关系？ A 师生关系。 B 同学关系。 C 上下级关系。 D 同事关系。	彼らはどういう関係ですか？ A 師弟関係。 B 同級生同士。 C 上司と部下。 D 同僚同士。
解説	全体の内容が聞き取れれば、かつての同級生が24年ぶりに会った、あるいは電話等で話をしているとわかる。最初の音声の中の"光阴似	箭" guāng yīn sì jiàn は「光陰矢のごとし」、"毕业这么多年了" bìyè zhème duō nián le は「卒業してからこんなに時間が経った」。

| **61**
–
62 | 　　我在一家咖啡店打工，已经干了两年多了，但是最近我打算辞掉这个工作。既不是因为工资低，也不是因为活儿累，而是因为老板脾气不太好，总跟我们发脾气。谁能受得了呢？ | 　　私は喫茶店でアルバイトをするようになってもう2年以上経ちます。しかし最近私はこの仕事を辞めようと思っています。給料が安いからでも、仕事が疲れるからでもなく、オーナーが怒りっぽくて何かというと私たちに当り散らすからです。我慢できる人なんているもんですか！ |

| **61**
解答
D | "我"在这家咖啡店干了多长时间？
A 半年多。
B 一年多。
C 一年半。
D 两年多。 | 「私」はこの喫茶店でどのくらい働いていますか？
A 半年余り。
B 1年余り。
C 1年半。
D 2年余り。 |
| 解説 | ここからは散文問題だが、この問題も音声が流れる前に、質問と答えの選択肢を読んで内容を類推しておくことが大切。音声を聞いている時 | 間が比較的長いので、集中力が必要。ここでは働き始めてからの時間を聞かれている。 |

| **62**
解答
D | "我"为什么要辞掉这个工作？
A 因为活儿很累。
B 因为学习忙。
C 因为工资低。
D 因为老板脾气不好。 | 「私」はなぜこの仕事を辞めようとしているのですか？
A 仕事が疲れるから。
B 勉強が忙しいから。
C 給料が安いから。
D オーナーが怒りっぽいから。 |
| 解説 | "既不是～也不是～而是～" jì bú shì~yě bú shì~ér shì~（～でもなく、～でもなく、～だ）の構造を聞き取れると答えるのが楽になる。 | "既～也～"（～も～も）や"不是～而是" bú shì~ ér shì~（～ではなく～だ）など関連詞の意味をしっかり覚えておこう。 |

第4部　会話散文問題

No.	音声	訳

63–64

音声：张总，您好！我是王建国。听到您的留言了。真抱歉，我周六已经有别的安排了，不能参加你们公司的庆祝宴会。下个星期我要去你们公司办些事情，到时再去拜访张总您啊。再见！

訳：張さんこんにちは！ 王建国です。留守電聞きました。申し訳ありませんが、土曜日はほかに予定があって御社の祝賀パーティには出られません。来週御社に用事があって伺いますので、その時に張さんにお目にかかりたいと思っています。ではまた。

63

男的为什么不能参加宴会？
A 因为要参加一个婚礼。
B 因为有别的安排。
C 因为要跟张总见面。
D 因为公司里有庆祝宴会。

男性はなぜ宴会に出られないのですか？
A 結婚式に参列しなければならないので。
B ほかに予定があるので。
C 張さんに会わなければならないので。
D 会社で祝賀パーティがあるので。

解答 B

解説：全体の内容から、相手の留守電を聞いてからその相手の電話に留守電を吹き込んだものらしいことがわかる。最初の音声に"已经有别的安排了" yǐjing yǒu bié de ānpái le（すでにほかの予定がある）とある。"庆祝宴会" qìngzhù yànhuì は「祝賀会、祝賀パーティ」。

64

通过这段话我们可以知道
A 张总给男的打过电话。
B 男的周六去拜访张总。
C 上星期张总的公司举办了宴会。
D 星期六男的要在公司加班。

この話を通して私たちがわかるのは
A 張さんは男性に電話をしてきている。
B 男性は土曜日に張さんのところに行く。
C 先週張さんの会社は宴会を開いた。
D 土曜日男性は会社で残業をしなくてはならない。

解答 A

解説："听到您的留言了" tīngdào nín de liúyán le（留守電を聞きました）とあるので"张总" Zhāng zǒng（張さん）は話し手に電話をかけてきたことがわかる。"张总"の"总"は"总经理" zǒngjīnglǐ（社長）または"总工程师" zǒnggōngchéngshī（技師長）などを意味する。

65–66

音声：游客朋友们请注意：有人在园内拾到装有外币和支票等贵重物品的公文包，现保存在公园遗失物品保管处。请丢失者听到广播后，速来本处认领。如不能马上前来认领，请尽快与本处电话联系。联系电话：6837-5293。

訳：園内の皆様、当公園内で外貨と小切手など貴重品の入った書類カバンの落とし物があり、公園遺失物保管所で預かっております。心当たりのある方は至急こちらにおいでください。すぐ受け取りに来られない場合はこちらの電話にご連絡ください。電話番号は6837の5293です。

65

公文包里有什么？
A 人民币。
B 外币。
C 月票。
D 信用卡。

書類カバンの中には何が入っていますか？
A 人民元。
B 外貨。
C 定期券。
D クレジットカード。

解答 B

解説：公園内での落とし物のアナウンス放送。やや書面語的な言い回しも使われている。アナウンス放送はこうした言い回しが使われるので慣れておきたい。"拾到" shídào（拾った）、"公文包" gōngwénbāo（書類カバン）、"丢失者" diūshīzhě（落とし主）、"速来" sù lái（急いで来る）。

140

No.	音声	訳
66 解答 **C**	公文包是在哪里被拾到的? A 校园内。 B 商店里。 C 公园内。 D 车站里。	書類カバンはどこで拾われましたか? A キャンパス内。 B 商店の中。 C 公園の中。 D 駅の中。
解説	アナウンスの中で"公园"gōngyuán と言っている。耳慣れない言葉がたくさん出てきて話し手の論理がつかめないと、簡単な言葉であって	も聞き取るのが難しくなる。"遗失物品保管处" yíshī wùpǐn bǎoguǎnchù（遺失物品保管所）、"认领" rènlǐng（確かめて受け取る）。

67 – **68**	各位观众，晚上好！欢迎您来北京音乐厅。今天将为您演出的是由美藉华人音乐博士杨华创作的丝绸之路交响曲，这是杨博士在去年成功地演出了《王小明作品演唱会》后，再一次将中国西北部音乐之美展现在广大音乐爱好者的面前。现在是5点55分，离开演还有5分钟，请各位观众抓紧时间入座。	皆様今晩は！　北京ミュージックホールにようこそ。今日皆様にお聞きいただくのはアメリカ国籍の中国人で音楽博士楊華先生の作曲による「シルクロード交響曲」です。これは楊博士が去年「王小明作品を歌う」というコンサートで大成功をおさめた後、再度中国西北部の音楽の美を多くの音楽ファンの前で披露するものです。現在5時55分。開演まであと5分です。どうか皆様すぐご着席いただけますようお願いいたします。

67 解答 **A**	这段话是谁说的? A 主持人。 B 杨华。 C 领导。 D 王小明。	これは誰が話しているものですか? A 司会者。 B 楊華。 C 指導者。 D 王小明。
解説	北京ミュージックホールでのコンサートが始まる直前に流れたアナウンス。話をしているのは状況からいって、場内の係員またはコンサート	をとりしきる司会者。ここでは消去法でAが正解。

68 解答 **C**	这是什么演出? A 歌曲演唱会。 B 京剧。 C 交响音乐会。 D 舞剧。	これは何の公演ですか? A 歌のコンサート。 B 京劇。 C 交響曲の演奏会。 D 舞踊劇、バレエ。
解説	"演出的是～交响曲" yǎnchū de shì～ jiāoxiǎngqǔ（上演するのは～交響曲です）と言っているのでCが正解。中国語の"演出"と日本語の	「演出」は意味が違うので注意。"美籍华人" Měijí Huárén は「アメリカ国籍の中国人」。

No.	音声	訳
69―70	"假日列车"是上海铁路局利用自身铁路运输优势，针对市民双休日旅游市场的需要，于1996年夏天开始推出的一项名字叫一条龙服务的旅游服务新项目。所谓一条龙服务即两天三夜的吃、住、行、游全部包括在内的服务。其费用只需要数百元。周末晚上轻轻松松出去，周一早上高高兴兴地回来，不必为中途转车，误时误点而烦恼。因而"假日列车"线路，满足了更多市民假日外出旅游的需要。	「ホリディ列車」は上海鉄道局がここの鉄道輸送の強みを生かして、市民の週休二日を利用した旅行ニーズを取り込むべく、1996年の夏から始めた、ワンパッケージの旅行サービスです。いわゆるワンパッケージサービスとは2泊3日間の食事、ホテル、交通機関、観光すべてを網羅したサービスのことで、費用は数百元です。金曜の夜気軽に出かけ、月曜日の朝満足して帰ってくることができ、途中で乗り換えたり時間を無駄にする心配がありません。こうして「ホリディ列車」は休日に旅行を楽しみたいという、より多くの市民のニーズを満足させるものになっています。

69 解答 C

所谓一条龙服务指的是什么？	いわゆるワンパッケージサービスとは何のことですか？
A 为上海铁路局职工提供的旅游服务。	A 上海鉄道局の職員のために提供されている旅行サービス。
B 上海铁路局的一条运输专线。	B 上海鉄道局の輸送用線路。
C 包吃、包住、包游的旅游服务。	C 食事、ホテル、観光込みの旅行サービス。
D 一项专赴上海的旅游项目。	D 上海行きだけのための旅行プラン。

解説　「ホリディ列車」と銘打った国内ツアー旅行についての内容。"一条龙服务" yìtiáolóng fúwù（ワンパッケージサービス）という表現の意味が問われている。"包吃、包住、包游" bāo chī、bāo zhù、bāo yóu の"包"は「引き受ける、責任を持つ」という意味。

70 解答 A

利用假日列车去旅游，什么时候回来？	「ホリディ列車」を利用して旅行に行くと、いつ戻ってくるのですか？
A 星期一早上。	A 月曜朝。
B 星期一晚上。	B 月曜夜。
C 星期天早上。	C 日曜朝。
D 星期天晚上。	D 日曜夜。

解説　"周末晚上～出去，周一早上～回来" zhōumò wǎnshang～chūqù, zhōuyī zǎoshang～huílai（週末の夜～出発して、月曜の朝に～帰ってくる）と言っている。難しくはないが、他の箇所の聞き取れない言葉に意識がいくと聞き取りの空白ができる。聞き取れる言葉を増やそう。

第5部 語順問題

No.	設問	訳

71

过：
这种菜 A 你没吃 B 吧，吃吃 C 看，味道 D 怎么样？

この料理は食べたことがないよね、食べてみて。味はどう？

解答 **B**

解説 「～をしたことがある」経験を表す"过"guo の位置を問う問題。動詞の"没吃"の後、Bのところにおかなければならないことがわかる。同じ動詞"吃吃"は重ね型になっているため、Cの位置にはおけない。

72

出差：
A 他今天不在 B 公司，去 C 上海 D 了。

彼は上海へ出張に行ったので、今日は会社にいない。

解答 **D**

解説 "出差"chūchāi は「出張する」の意。「上海に出張する」のように場所があるときは、"去上海出差"qù Shànghǎi chūchāi の語順になる。

73

只：
我 A 去过 B 一次 C 北京，对北京 D 不太熟悉。

北京は一回しか行ったことがないので、あまり詳しくない。

解答 **A**

解説 "只"zhǐ は「ただ、わずか」という意味の副詞。動詞か形容詞などの用言を修飾する。この場合は、動詞"去"の前に置かれ、"次"cì という助数詞と相まって、回数が少ないことを強調する。

74

大学：
他一个孩子已 A 毕业 B 参加工作，另一个还在 C 美国学习 D 呢。

彼の子供は、1人は既に大学を卒業して就職したが、もう一人はアメリカで勉強している。

解答 **A**

解説 "毕业"bìyè は「卒業する」という意味の離合詞（動目構造）であるため、後にさらに目的語をとれない。この場合は"毕业"の前、つまり"大学毕业"という形をとって、「大学を卒業した」ということになる。

75

去：
这个问题 A 我也不懂 B，你 C 找老师问问 D 看。

この問題は私もわからないので、先生のところへ行って聞いてみなさい。

解答 **C**

解説 連動文における動詞の位置を問う問題。CかDか迷う。"去"は動詞または動詞句の後に置けるため、Dの位置でも良さそうだが、"问问看"「たずねてみる」というフレーズに制限され、Cのところにしか置けない。

第5部 語順問題 143

No.	設問	訳
76	等： A 现在太贵，B 便宜了 C 再 D 买吧。	今は高すぎる、もう少し安くなってから買おう。
解答 **B**		
解説	"等…再…" děng…zài… という形で「…になってから…をする」という意味を表す。Bの位置に置き、「安くなってから買おう」という意味	になる。"等…以后再…" という形で用いられることもある。

77	什么： A 大家都是 B 老同学，你 C 客气 D 呀。	みんな古くからの同級生でしょう、何を遠慮しているのよ！
解答 **D**		
解説	"什么" shénme はここでは反語の語気を表す。形容詞、動詞などの後に置き、「全然そうではない」または「そうしなくてよい」という反語	文に用いられ、否定の語気を強める。"客气什么" は、「何を遠慮しているのよ」、「遠慮しなくていいよ」、といった意味になる。

78	好容易： 这道 A 数学题 B 真难，C 才 D 做好了。	この数学の問題は本当に難しい、やっと解けたよ。
解答 **C**		
解説	"好容易" hǎoróngyì は「やっと、ようやく」という意の副詞で、"才" cái と呼応して用いられることが多い。"才" は省略されることもあ	るが、省略しない場合は、常に "好容易才" という語順も念頭に置いて使いたい。

79	天天： 这几天，A 陪客户在外面吃饭，一点儿 B 做家务的 C 时间 D 都没有。	ここのところ、毎日お客さんと外食で、家事をする時間は全然なかった。
解答 **A**		
解説	"天天" tiāntiān は "每天" měitiān を強調した表現で、"每天都"「毎日例外なく…」ぐらいの意味になる。Dの位置も可能ではあるが、	"一点儿…都没有" という全面否定文であるため、"天天" を使うと重複することになる。

80	为： A 我们应该 B 建立一种以 C 售后服务 D 中心的经营体制。	アフターサービスを中心とした経営体制を構築しなければならない。
解答 **D**		
解説	"以… 为…" yǐ…wéi… という型に気付けば、それほど難しい表現ではない。「…を以て…となす」という意味。他にも "以… 为理由"「…	を理由に」、"以…为榜样"「…を手本に」というようなパターンがある。

第6部 補充問題

No.	設問	訳

81
这个沙发有（　）重？
A　沉
B　太
C　多
D　很

このソファはどれぐらい重いの？
A　重い
B　とても、たいへん
C　疑問を表す"多"
D　とても、たいへん

解答　C

解説　"多" duō は形容詞の前に置き、程度、数量を問う疑問文を作る。「どれぐらい」という意味で、積極的な意味を持つ形容詞が用いられることが多い。他には"多大" duō dà、"多高" duō gāo、"多远" duō yuǎn、"多长" duō cháng などがある。この類の疑問はよく"有"を伴うこともポイント。

82
明天是小王的生日，我打算（　）她一件礼物。
A　传
B　拿
C　送
D　上

明日は王さんの誕生日なので、プレゼントを贈るつもりだ。
A　伝える
B　持つ
C　送る、贈る
D　差し上げる

解答　C

解説　"送" sòng は二重目的語がとれる動詞の一つである。"送她礼物" sòng tā lǐwù「彼女にプレゼントを贈る」という組み合わせがわかれば、すぐ答えに辿りつくだろう。

83
中国每个城市的环境都比过去好多（　）。
A　吧
B　的
C　呢
D　了

中国のどの都市も環境が以前よりずっと改善された。
A　…だろう（推測などを表す語気助詞）
B　肯定・確定の語気を表す
C　語気助詞
D　文末の語気助詞、新事態の発生や変化を表す。

解答　D

解説　文末の"了"は新しい事態の発生や変化を表す。"比" bǐ「…より」という比較表現用の前置詞に気付けば、自然と答えは見つかるだろう。

84
真热！空调开（　）没有？
A　着
B　的
C　完
D　呢

暑いね！エアコンはついているの？
A　アスペクト助詞、持続状態を表す
B　助詞、語気を強調する
C　終わる、結果補語に使うこともある
D　語気助詞

解答　A

解説　"着" zhe はアスペクト助詞として、動詞や形容詞の後に置かれ、動作の持続状態を表す。この疑問文ではよく「動詞＋着＋没有？」という形をとる。当否疑問の"吗"も使われるが、その場合は、「動詞＋着＋呢＋吗？」になることが多い。

85
我以前（　）爱情小说很感兴趣。
A　向
B　对
C　从
D　跟

昔は恋愛小説に興味を持っていた。
A　…に向けて
B　…に対して
C　…から
D　…について

解答　B

解説　"对…感兴趣" duì… gǎnxìngqù という組み合わせは初級のテキストに頻出する表現の一つ。「…に興味を持っている」という意味で、Bの"对"が正解。

第6部　補充問題　145

No.	設問	訳

86 解答 **B**

你自己坐车（ ）饭店（ ）吧。
A 出……来
B 回……去
C 出……去
D 进……来

自分で電車に乗ってホテルに帰ってください。
A …から出てくる
B …に帰っていく
C …から出ていく
D …に入ってくる

解説　方向補語を用いる場合の目的語の位置は、"去"、"来"がつく場合、基本的に"去"と"来"の前に置く。ここでは意味を考え"回饭店去"｜「ホテルに戻る」を選ぶ。

---

87 解答 **A**

虽然目前有不少困难，但是我们一定得（ ）这项工作做完。
A 把
B 要
C 想
D 从

当面は大変なことがたくさんあるが、この仕事をやり遂げなければならない。
A "把"構文の"把"
B 助動詞（しなければならない）
C 助動詞（したい）
D 前置詞（…から）

解説　"把"構文を習得しているかどうかを問う問題。動詞が目的語の後に来ている場合は、可能性のひとつに"把"構文がある。"这项工作" zhè xiàng gōngzuò という特定された目的語及び｜"做完"という結果補語が伴われた構造から、"把"構文の要素がすべて満たされていることがわかる。

---

88 解答 **B**

中国又成功地发射了一（ ）人造卫星。
A 粒
B 颗
C 台
D 架

中国はまたも人工衛星の打ち上げに成功した。
A つぶ（種、粒状のものを数える助数詞）
B つぶ（種、星などを数える助数詞）
C 台（機械、車両などを数える助数詞）
D 台、機（飛行機、ピアノなどを数える助数詞）

解説　迷いやすい問題である。人工衛星は機械でもあるので、CやDを選んでしまいがち。実は人工衛星は星として扱われ、Bの"颗"kē が用い｜られる。Aの"粒"lì は"颗"の類義語になるが、小さい粒状のものにしか使わない。

---

89 解答 **D**

（ ）中国经济的飞速发展，中国人民的生活水平在不断提高。
A 伴着
B 跟着
C 连着
D 随着

中国経済の飛躍的な成長に伴い、中国国民の生活水準は次第に高まっている。
A 伴う
B つく
C つながる
D 随う

解説　"随着" suízhe は接続詞で、「…に従って、…につれて」の意である。後文は前文がもたらした｜結果であることが多い。

---

90 解答 **A**

（ ）已经做了，（ ）别后悔。
A 既然……就
B 虽然……但是
C 只有……才
D 无论……都

もうやってしまったからには、後悔はしないでほしい。
A …した以上は、…であるからには
B …けれど、…しかし
C …してこそ…
D …にかかわらず…

解説　"既然…就" jìrán… jiù は複文に用いられる関連詞の呼応パターンである。「…した以上は、…であるからには…」という意を表す。意味か｜らすれば、A 以外に当てはまるものはない。

No.	設問	訳
91 解答 **B**	我觉得她这个人的（　）不错。 A　性质 B　品质 C　质料 D　质地	彼女はなかなか人柄がいいと思う。 A　性質 B　品質、品性 C　素材、生地 D　素材、生地

解説　正解Bの"品质"pǐnzhì は、物の品質を表す以外に、人間の品性、資質を示す表現としてもよく用いられる。Cは製品の材料で、Dは主に生地の良し悪しを指すことが多い。

| **92** 解答 **C** | 他们（　）地放弃大公司的高薪，想方设法要挤进公务员的行列。
A　小心翼翼
B　三心二意
C　心甘情愿
D　适可而止 | 彼らはためらいもなく大手企業の高給を捨てて、公務員になろうと一生懸命だ。
A　慎重に
B　気を散らしている様子
C　心から願って
D　ほどほどにする |

解説　四字熟語の意味を問う問題。Dを除き、すべて連用修飾語になれるが、意味をきちんと理解できれば、答えはCということがわかる。"心甘情愿" xīn gān qíng yuàn は「心から願う」、「喜んで…をする」といった意味。

| **93–96** | 　中国人喜欢喝热饮料，吃热饭菜，特别是米饭一定要吃热的。随着饮食生活的不断变化，冰镇啤酒、冰镇果汁等等也（ 93 ）了冬季的餐桌，但凉米饭还是难以（ 94 ）的。不少在日本的中国人说，我很喜欢吃日本菜，（ 95 ）爱吃生鱼片，不过，寿司还是吃不了。爱吃生鱼片而不能吃寿司，（ 96 ）有些矛盾，其实理由很简单，因为寿司的米饭是凉的。 | 　中国人は温かい飲み物、温かい料理を好み、特にご飯は温かいものでなければならない。食生活が変化し続ける中で、冷えたビール、ジュースなども冬の食卓に上るようになったが、冷めたご飯はまだまだ受け入れられない。日本に住んでいる中国人は日本料理が好きで、特に刺身を好んで食べるが、寿司は食べられない人が多いようだ。刺身は良くても、寿司はだめ、矛盾しているように聞こえるが、その理由は極めて簡単、寿司飯は冷たいからだ。 |

| **93** 解答 **C** | A　爬上
B　载上
C　登上
D　供上 | A　登り　（山、階段など）
B　載せる（荷物など）
C　登る　（山登りする、登場する）
D　供える |

解説　"登上" dēngshang は文字通り「のぼる、登場する」という意味で、新聞や雑誌に載ったり、テレビに出たりする意味の他、テーブルに上るという意味にも用いられ、現れるという意味に等しいことから、正解はC。

No.	設問	訳
94 解答 **B**	A 承担 B 接受 C 欢迎 D 承认	A 負う B 受け入れる C 歓迎する D 承認する、認める

解説：" 接受 " jiēshòu は「受け入れる」、「受け付ける」といった意味を持つ。文脈からすれば、Bが正解。Aの" 承担 " chéngdān は「金銭的な負担」や、「責任を負う」ことに用いられ、" 承认 " chéngrèn は「認める」、「承認する」といった意味をなす。

No.	設問	訳
95 解答 **D**	A 主要 B 重点 C 只好 D 尤其	A 主な B 重点的な C …するしかない D 特に

解説：文脈から、「日本料理が好き」という前文に続き、そのうち、「刺身が好き」とあるため、" 尤其 " yóuqí「特に」という答えを導き出すことができる。

No.	設問	訳
96 解答 **A**	A 听起来 B 写下来 C 说下去 D 提起来	A 聞いたところ B 書きとめる C 言い続ける D 言い出す

解説：" 听起来 " tīngqilai は「聞いたところ…のようだ」という意味で使われる。前文の言っていることを受けた言い方なので、正解はAである。" 听起来 "と同様の意味を持つ" 听上去 " tīngshangqu も使用できる。

| **97**
⎯
100 | 　　献哈达是藏族最普遍的一种礼节。婚丧（ 97 ），民俗节庆、拜会尊长、拜佛、迎送宾客等等场合，通常都要献哈达。哈达是一种生丝制品，长短不一，献哈达是对人表示纯洁、诚心、忠诚的意思。自古（ 98 ），藏族认为白色象征纯洁、吉利，所以哈达一般是白色的。
　　到藏族人家做客，主人便会敬酒。敬献客人时，客人须先啜三口，每喝一口主人都要斟满，最后再喝干一满杯。喝茶则是日常的礼节，客人进屋坐定，主妇或子女会来倒酥油茶，但客人不必自行端喝，（ 99 ）等主人捧到你面前才接过去喝，这样（ 100 ）算懂得礼节。 | 　　ハタ（白い帯状の布）を人に捧げることはチベット族のごく一般的なしきたりである。冠婚葬祭、祝賀行事、長者との会合、お参りや、お客さんを送迎する際に欠かせない礼儀作法の一つである。ハタは絹でできているもので、長さは決まっていないが、相手に純粋な心、誠実さなどを示すために捧げる。古くから白は純潔で、縁起良いとチベット族は考えているため、白いハタが広く使われている。
　　チベット人の家に招かれた時、主人はお酒を振舞うが、訪問客は振舞われた酒をまず三口啜り、一口啜る度に主人が注ぎ足し、最後に飲み干すのがしきたりとなっている。お茶は日常的に飲まれ、訪問客が席に着くと、女主人またはその子供がバター茶を注いでくれるが、訪問客は勝手に手に取ったり、飲んだりしてはいけない。主人の手から受け取って飲むのが礼儀とされている。 |

No.	設問		訳	
97	A	收礼	A	贈り物を受け取る
	B	嫁人	B	嫁ぐ
	C	娶人	C	娶る
	D	嫁娶	D	婚嫁（一般に結婚を指す）

解答 **D**

解説　選択に迷うだろう。文脈から、様々な行事が四文字という形で並べられているので、意味とリズムを加味して、Dの"嫁娶"jiàqǔ に辿りつく。日本語でいうと「冠婚葬祭」といったところだろうか。熟語ではなく、作者による造語表現である。

No.	設問		訳	
98	A	过来	A	本来の正常な状態に戻る（方向補語の派生的意味）
	B	以来	B	…して以来
	C	上来	C	状態がはっきりした段階になる
	D	下来	D	動作の完成、結果を表す

解答 **B**

解説　"自古以来"zì gǔ yǐlái「昔から」という常用表現を知っていれば早い。"自…以来"という形で使うことが多い。例えば"自毕业以来"zì bìyè yǐlái "自结婚以来"zì jiéhūn yǐlái はそれぞれ「卒業以来」、「結婚以来」という意味になる。

No.	設問		訳	
99	A	得	A	…しなければならない（助動詞）
	B	着	B	…している（持続状態を表すアスペクト助詞）
	C	了	C	…した（過去、完了を表すアスペクト助詞）
	D	对	D	…に対して（前置詞）

解答 **A**

解説　動詞句の前に置けるものとして、Aの"得"děi しかない。助動詞の"得"は「しなければならない」という意味である。BとCはアスペクト助詞で、動詞の後に置かれ、Dは前置詞で、名詞か名詞句の前に置かれる。

No.	設問		訳	
100	A	能	A	できる、可能
	B	由	B	…から、より
	C	才	C	やっと、ようやく
	D	向	D	…に向けて

解答 **C**

解説　"才"cái は様々な使い方があるが、数量を伴わない場合は、「やっと」という基本義を知っていれば、"这样才"zhèyàng cái「これでやっと」という意味から、「ホストの手からお酒を受けてから飲む」という新しい状態になって初めて「礼節をわきまえていると言える」につながる。

第7部 語釈問題

No.	設問	訳

101
解答 **A**

汉语课上老师常常让我们进行<u>会话</u>练习。
- A 对话
- B 讲话
- C 通话
- D 胡话

中国語レッスン中、先生はよく会話練習をさせる。
- A 対話、会話
- B 話す、発言する
- C 通話する
- D たわごと、でたらめをいう

解説: 語学の会話練習に使われるのがAの"对话" duìhuà だけ。また"对话"は日本語と同じく、外交上の話し合いなどにも用いられ、"南北对话" nánběi duìhuà「南北対話」、"中美对话" Zhōng Měi duìhuà「中米対話」のような表現がある。

102
解答 **D**

真<u>抱歉</u>，我不应该说那样的话。
- A 不客气
- B 不要紧
- C 没关系
- D 对不起

誠に申し訳なかった、あんなことを言うべきではなかった。
- A どういたしまして
- B かまいません
- C かまいません
- D すみません

解説: 同じ謝罪表現の"对不起" duìbuqǐ「ごめんなさい」が正解。類似表現ではあるが、"抱歉" bàoqiàn はより改まった感じになり、公式の場での謝罪表現にも使用される。

103
解答 **D**

能够拿到音乐会门票，我<u>高兴</u>极了。
- A 伤心
- B 操心
- C 烦心
- D 开心

コンサートのチケットを入手できて、すごくうれしい。
- A 悲しい
- B 心配する、気苦労
- C 心を煩わせる
- D 嬉しい、楽しい

解説: Dの"开心" kāixīn が正解。"开心"という単語を知らなくても、類義語はこれしかなく、わかりやすい問題。ただ"开心"は動詞兼形容詞であることも知っておきたい。"开开心心"「楽しもう」という重ね型も可能。

104
解答 **D**

目前玩具商标什么的，都爱用大熊猫，大熊猫真成了<u>红人</u>了！
- A 红色的人物
- B 有意思的人物
- C 革命的人物
- D 受欢迎的人物

今おもちゃの商標にパンダがよく使われる。パンダは本当に人気者になったね！
- A 赤色のキャラクター
- B 面白いキャラクター
- C 革命的なキャラクター
- D 人気キャラクター

解説: 文脈からでも推測できる答えであろう。"红人" hóngrén は「人気者」という意味で、動詞には"走红" zǒuhóng「人気が出る」、形容詞には"红" hóng「人気がある、受ける」などがある。

105
解答 **A**

你<u>懂得</u>这个单词的意思吗？
- A 知道
- B 认识
- C 记住
- D 发现

この単語の意味はわかるか？
- A 知っている
- B 知っている、認識している
- C 覚える
- D 気付く

解説: 迷わずAを選ぶだろう。Bの"认识" rènshi も「知っている」という意味を持っているが、主に誰かのことを「知っている」、「見知る」、または文字や道を「知っている」という意味で使われる。

No.	設問	訳

106 解答 C

吃了这个药以后，我觉得好受多了。
A 舒心
B 舒缓
C 舒服
D 舒展

この薬を飲んでから、だいぶ気分がよくなった。
A 気持ちがいい、のびのびしている
B ゆったりしている
C 気分がいい、体がらく
D 伸び伸びとしている

解説 "好受" hǎoshòu は「体や気分がいい」、「楽だ」といった意味を持っている。AとCで迷われる人もいるだろうが、Aの"舒心" shūxīn は「気が楽だ」のように「精神的に楽」を指すのに対して、Cの"舒服" shūfu は「体が楽」という意味で、"好受" と共通する。

107 解答 C

我们必须马上出发，执行部里安排的重要任务。
A 好好
B 就是
C 立刻
D 顿时

部の重要任務を遂行するため、すぐに出発しなければならない。
A しっかりと
B つまり
C すぐに、さっそく
D にわかに、急に

解説 "立刻" likè と "马上" mǎshàng はともに副詞で、「すぐに」、「さっそく」という意。"顿时" dùnshí に惑わされるかもしれないが、"顿时" は、「ある状況が急に現れる」などの意味を持ち、過去のできごとを叙述する時用いられる。

108 解答 B

对失足青年，我们要关心帮助。
A 落水
B 犯错误
C 滑倒
D 迷路

非行少年に救いの手を差し伸べなければならない。
A 水に落ちる
B 過ちを犯す
C 滑って転ぶ
D 道に迷う

解説 "失足" shīzú は「足を滑らせる」の意の他、「過ちを犯す」という意味も持っている。Dの"迷路" mílù も似たような使い方もあるが、"失足青年" shīzú qīngnián 「非行少年」という熟語があるほど使い方が定着しているので、Bが正解である。

109 解答 A

他总是在背后说我的坏话，所以我恨透他了。
A 死
B 多
C 坏
D 深

私がいないところで悪口ばかり言われているので、彼のことをひどく恨んでいる。
A 死ぬほど… （程度が甚だしい）
B ずっと…だ （比較表現文に使われる）
C 悪い
D 深い

解説 動詞や形容詞の後に"透" tòu や "死" sǐ を置き、程度が甚だしいことを表す。"多" duō も程度を表すことができるが、こちらは比較の意味で用いられることがほとんどなので、選択肢から除外できるだろう。

110 解答 B

《梁山伯与祝英台》是一个动人的爱情故事。
A 爱人
B 感人
C 恼人
D 愁人

「梁山泊と祝英台」は感動的なラブストーリーだ。
A 妻、または夫
B 感動させる
C 人を悩ませる
D 人を心配させる

解説 "动人" dòngrén は「人の心を動かす、感動的」という意味の形容詞。類似表現にはBの"感人" gǎnrén 「感動させる、人の心を揺さぶる」がある。文脈から容易に答えに辿りつくであろう。

第 7 部　語釈問題　151

No.	設問	訳

111 解答 **B**

我们都是一家人，有什么<u>不好意思</u>的。
A 害怕
B 害羞
C 没意思
D 有意思

みんなは家族だから、そんなに恥ずかしがらなくていいよ。
A 怖がる
B 恥ずかしがる
C つまらない
D 面白い

解説：" 害羞 " hàixiū は「恥ずかしい、照れくさい」という意。文中の " 不好意思 " bù hǎo yìsi「恥ずかしい」と類似表現になるが、" 不好意思 " は「決まりが悪い」や「厚かましくて…ができない」という用法もあり、" 害羞 " と置き換えられるケースが限られることも知っておきたい。

---

112 解答 **D**

最近一些地方开始发行<u>彩票</u>。
A 招待券
B 彩卷
C 股票
D 奖券

最近宝くじを発行するところが出てきた。
A 招待券
B カラーフィルム
C 株券
D 宝くじ

解説：" 彩票 " cǎipiào「宝くじ」のもう一つの言い方は " 奖券 " jiǎngquàn である。C の " 股票 " gǔpiào は株券で、B の " 彩卷 " cǎijuǎn は今ではほとんど使われないカラーフィルムのことである。

---

113 解答 **D**

他<u>表现</u>不好，被老师批评了。
A 表示
B 脑子
C 服装
D 行为

彼は態度が悪いため、先生に叱られた。
A 表す、示す
B 頭
C 服装
D 行い

解説：" 表现 " biǎoxiàn は「表現、現れ」という意味以外に「態度」などを指すこともある。この文脈で最も近い表現は D の " 行为 " xíngwéi「行い」になる。" 表示 " biǎoshì は名詞としての使い方もあるが、「意志表示」、「意向を示す」という意味では、本題とは趣旨が違う。

---

114 解答 **D**

这条<u>淡</u>粉色的裙子多少钱？
A 薄
B 素
C 轻
D 浅

この淡いピンク色のスカートはいくら？
A 薄い
B 無地
C 軽い
D 浅い

解説：形容詞の類義語を問う問題。A と D で迷うだろうが、日本語では「薄いピンク」、「浅いピンク」両方いうが、中国語では " 淡 " dàn と " 浅 " qiǎn で色合いを表す。色には " 薄 " bó は使わない。濃い色は " 深 " shēn「深い、濃い」だけで、" 浓 " nóng「濃い」は使わないことを覚えておこう。

---

115 解答 **A**

你们这儿可以<u>刷卡</u>吧？
A 用信用卡付钱
B 用信用卡取钱
C 用会员卡
D 用电话卡

ここはクレジットカードが使える？
A クレジットカードで支払う
B クレジットカードでお金を下ろす
C 会員カードを使う
D テレフォンカードを使う

解説：" 刷卡 " shuākǎ は「カードを通す」という意味から転じて「クレジットカードで決済する」という意味になっている。

No.	設問	訳

116
解答 **A**

她爱吃素的，所以很苗条。
- A 植物性食物
- B 清淡的食物
- C 人工食品
- D 自然食品

彼女はベジタリアンだから、体がすらりとしている。
- A 植物性食べ物
- B あっさりした食べ物
- C 人工食品
- D 自然食品

解説 "吃素" chīsù「精進料理を食べる」という意味を理解できれば、容易に解答が見つかるだろう。"素菜" sùcài という言葉もあり、広く肉などが入っていない料理のことを指す。Bは「あっさりした料理」という意で、植物性食べ物とは限らない。

117
解答 **D**

从电视上看到这个情景真让人心酸。
- A 羡慕
- B 嫉妒
- C 感动
- D 难过

テレビに映し出されるこの情景はなんて悲しいこと！
- A 羨ましい
- B 妬む
- C 感動する
- D 悲しむ

解説 迷うとしたら、CとDであろう。"心酸" xīnsuān は「悲しい」気持ちを表す形容詞で、Dの"难过" nánguò も同様の意味を持つ形容詞。Cの"感动" gǎndòng はそのまま「感動する」という意味で、悲哀感情は入っていない。

118
解答 **C**

这件事儿先放放，我们看看别的问题吧。
- A 开始解决
- B 首先考虑
- C 暂时不管
- D 非常重要

この件はとりあえず置いといて、他の問題を見てみよう。
- A 解決を始める
- B まず考える
- C とりあえずやらない
- D たいへん重要だ

解説 やや難易度の高い問題。"放" fang は「置く、放置する」という意味が理解できても、答えの"暂时不管" zànshí bù guǎn の意味がわからなければ正解できない。"管" guǎn は「関わる」という意味でも使われ、即ち「とりあえずそれに関わらない」ということで、"放"と一致する。

119
解答 **B**

他那个人不善应酬。
- A 服从
- B 交际
- C 决断
- D 吹捧

彼という人は人付き合いが下手だ。
- A 従う
- B 交際する、付き合う
- C 決断する
- D だてる

解説 "应酬" yìngchou は「応対する、人付き合いする」という意味で、動詞兼名詞である。Bの"交际" jiāojì も同じ意味で、"不善交际" búshàn jiāojì「人付き合いが下手、苦手」という表現もある。

120
解答 **C**

你脸上那麻木的表情已经告诉了人们发生的一切。
- A 骄傲
- B 悲痛
- C 呆滞
- D 活泼

あなたの無表情な顔はみんなに何が起きたのかを語っているよ。
- A 驕る、誇る
- B 悲しい
- C 生気がない
- D 活発だ

解説 正解の"呆滞" dāizhì「生気がない、動きがない」は普段あまり見かけない単語ではあるが、"麻木" mámù は「麻痺する」や「感覚がない」ということだから、消去法でも解答を導くことが可能であろう。

第 7 部 語釈問題

第8部 読解問題

No.	問題文と設問	訳

121―124

　　从古到今，祖祖辈辈的中国人一共使用过多少个姓氏？专家最新研究发现，中国人从古到今使用过的姓氏已超过 22000 个。随着时代的变迁，不少姓氏已经消失，当代中国人正在使用的汉姓约有 3500 个左右。
　　全国最大的三个姓氏是李、王、张，分别占总人口的 7.9%、7.4% 和 7.1%，三大姓氏的总人口达到 2.7 亿，是世界上最大的三个同姓人群。
　　当代中国 100 个常见姓氏集中了全国人口的 87%。其中，占全国人口 1% 以上的姓氏有 19 个，分别为李、王、张、刘、陈、杨、赵、黄、周、吴、徐、孙、胡、朱、高、林、何、郭和马。

　　古代から今日まで先祖代々中国人に使われた苗字はどれぐらいあるのだろうか。最近の研究によると、22000 を超えているそうだ。時代の変化に伴い、消えていく苗字も多くあったが、現代中国の漢民族が苗字に使う漢字は約 3500 ある。
　　最も多く使われている苗字は、李、王、張の三つで、それぞれ中国の総人口の 7.9%、7.4% と 7.1% を占めており、三大苗字の総人口は 2.7 億人に達している。世界で最も多い三大苗字となっている。
　　現代中国でよく使用される上位 100 の苗字は全人口の 87% に相当し、その内、総人口の 1% 以上を占めている苗字には李、王、張、劉、陳、楊、趙、黄、周、呉、徐、孫、胡、朱、高、林、何、郭、馬が入り、全部で 19 ある。

121

当代中国人正在使用的汉姓约有
A　不到 100 个。
B　3500 个左右。
C　不超过 3000 个。
D　20000 个以上。

現代中国人が使っている漢民族の苗字は：
A　100 以下。
B　3500 ぐらい。
C　3000 未満。
D　20000 以上。

解答 B

解説　現在漢民族が使用する苗字の数を問う問題。そのまま文中の表現が質問にされているので、正解は B。

122

中国最大的三个姓氏的总人口
A　占全国人口的 8% 以下。
B　占全国人口的 19%。
C　占全国人口的 22% 以上。
D　占全国人口的 87%。

中国の三大苗字の総人口は：
A　全国人口の 8% 以下。
B　全国人口の 19%。
C　全国人口の 22% 以上。
D　全国人口の 87%。

解答 C

解説　少し計算が必要ではあるが、三大苗字の割合を足した数字は C の 22% 以上であり、C が正解。

123

"氏"的正确读音是
A　xì
B　sì
C　zhì
D　shì

"氏"の正しい発音は：
A　xì
B　sì
C　zhì
D　shì

解答 D

解説　発音を問う問題。正解は D の "shì"。

No.	問題文と設問	訳

124 解答 **C**

"马"姓在中国
- A 是三大姓氏之一。
- B 占总人口的7.9%。
- C 占全国人口的1%以上。
- D 是已经消失的姓。

"馬"という苗字は中国では、
- A 三大苗字の一つ。
- B 総人口の7.9%を占める。
- C 全国人口の1%以上を占める。
- D 消失した苗字である。

解説　"马" mǎ という苗字についてたずねる問題。Cが正解。

125―126

老师让学生们做算术题，比赛谁算得快。不到两分钟，一个学生先举手大叫："老师，是二百五！"大家全笑了。笑声未落，另一个学生也举手："老师，我也是二百五！"大家笑翻了。老师也笑了："好嘛，一个二百五老师，教出了一群二百五学生。"

先生が生徒に算数の問題をやらせ、誰が早くできるかを競争させていた。2分も経たない内に一人の生徒が手を挙げ、「先生！　二百五十だ（あほうの意）！」と言ったとたんに、みんな笑いだした。すぐにまた別の生徒は「先生！　私も二百五十（あほうの意）だ」というとクラス中にどっと笑い声がおきた。「しょうがないね！　あほうな先生があほうな生徒を育てたというわけか」と言って先生も笑った。

125 解答 **D**

大家为什么笑？
- A 因为学生们算得很快。
- B 因为老师在说笑话。
- C 因为他们很喜欢做算术题。
- D 因为两个学生说的话很好玩。

みんなはどうして笑ったのか？
- A 生徒たちは計算が早いから。
- B 先生が冗談を言っているから。
- C みんなは算数問題を解くのが好きだから。
- D 二人の生徒が面白いことを言ったから。

解説　BとDで迷う人が多かったのであろう。Bの「先生が冗談を言っている」はみんなが笑った後だったため、「笑った」直接の原因は「生徒が面白いことを言った」ことにある、したがって、正解はD。

126 解答 **A**

"二百五"在这里是什么意思？
- A 笨蛋。
- B 坏蛋。
- C 天才。
- D 庸才。

"二百五十"はここではどういう意味か？
- A あほう。
- B わるもの。
- C 天才。
- D 凡才。

解説　"二百五" èrbǎiwǔ の比喩の意味がわからないと少し難しい問題になる。これは「数字」以外に「あほう」や「無知」といった人を小馬鹿にする表現だ。したがって、Aの笨蛋 bèndàn「あほう」が正解。"二百五十" èrbǎiwǔshí ときちんと言えば、誤解されることもない。

No.	問題文と設問	訳
127 — 129	张先生： 　　您好。您还是那么忙吗？ 　　今去信想告诉您，我完成了驻北京六年的工作任务，要回日本了。这几年不论是"公"还是"私"都得到了您的多方关照，在此深表谢意。虽然回日本了，但我还是从事与中国有关的工作，以后也请您多多关照。期盼着再次见面的那一天。 　　另外，我的工作由加纳康之接任，他今年25岁，以前在中国留过学，所以他的汉语非常好。今后跟敝公司联系时请找加纳康之。 　　我回国以后将在东京分公司工作，我的住址还没有确定，等确定下来之后再跟您联系。 　　望今后继续保持联系。 　　此致 　　敬礼 　　　　　　　　　　平田和宏 　　　　　　　　2011年3月20日	張　様 　お元気ですか。お忙しいことと存じます。 　さて、私は6年間の北京駐在を終え、日本に帰国することになったことをお伝えしたくお手紙をしたためた次第です。 　駐在中は、公私ともたいへんお世話になり、まことにありがとうございました。日本に戻っても中国関係の仕事を続けますので、今後とも引き続きご指導のほどよろしくお願い申し上げます。またの再会を楽しみにしております。 　さっそくですが、私の後任は加納康之になりました。加納は今年25歳で、中国留学経験があるため、中国語が堪能です。今後の業務連絡はすべて加納までお願いいたします。 　帰国後東京本社所属になりますが、住所が決まり次第またお知らせいたします。 　今後ともどうぞよろしくお願い申し上げます。 　取り急ぎご連絡まで。 　　　　　　　　　　　平田和宏 　　　　　　　　　2011年3月20日

127

解答 **B**

这是一封什么信？
A　道歉信。
B　辞别信。
C　辞职信。
D　慰问信。

これはどういう手紙か？
A　謝罪の手紙。
B　わかれの挨拶をする手紙。
C　退職届。
D　慰問の手紙。

解説：手紙の内容は赴任終了の挨拶文であるため、正解はB。

128

解答 **D**

平田向张先生交待了什么？
A　回日本以后的具体工作。
B　回日本后的联系方法。
C　再次见面的时间。
D　自己在中国的后任。

平田さんは張さんに何を説明したのか？
A　日本帰国後の仕事内容。
B　帰国後の連絡方法。
C　再会の時間。
D　中国での後任。

解説："交待"jiāodài は「仕事を引き継ぐ、説明する」といった意味で使われる。前半は感謝の文面になっているが、仕事がらみの話は後半になる。その中で手紙の趣旨を考えると、Dが正解。

129

解答 **C**

张先生与平田和宏可能是什么关系？
A　兄弟。
B　上司与部下。
C　商务伙伴。
D　师生。

張さんと平田和宏さんはどんな関係が考えられるのか？
A　兄弟。
B　上司と部下。
C　ビジネスパートナー。
D　先生と生徒。

解説：仕事関係の話が中心になっているため、二人は仕事上の付き合いであろう。したがって、Cのビジネスパートナーが正解。

No.	問題文と設問	訳

130–132

昨日举行的中国地产年会对旧城改造问题进行了讨论。国家住房和城乡建设部政策研究室主任分析指出，中国的旧城改造在10年前就已经大规模展开了，"至少还有一半以上的住房在未来15年到20年得拆了重建。"因为1949年以前的旧房子已经有60–70年以上的房龄，除了个别有历史文物价值的，比如黄埔军校还要留着，其他基本没有保留价值。而1949–1979年建的住房也同样，很多是战备房、过渡房、简易房，大部分住房现在都成了需要改造的棚户区，除了个别有历史文物价值的，全部只有一个字"拆"。同时有业内人士认为旧城改造会推高房价。

　　昨日行われた中国不動産年会では旧市街地の再開発についての議論が行われた。国家住宅と都市建設部政策研究室主任によると、中国の旧市街地再開発は10年前から大規模に行われている。「少なくとも半分以上の住宅は今後15年から20年の間に建てかえなければならない」と主任が発言した。1949年までの古い建物はすでに60年～70年以上経過し、黄埔軍校のような歴史的文化財としての価値があるもの以外は、殆ど残す価値がないものばかりである。1949年～1979年の間に建築された住宅の多くは、軍備用住宅、仮設住宅、簡易住宅であり、そのほとんどは再開発が必要なバラック住宅街であり、一部文化財として保存する価値があるものを除くとすべて解体するしかない。旧市街地の再開発は不動産価格を押し上げる可能性があるという専門家の見方もある。

130
解答 **A**

文中提到未来中国什么原因会推高房价？
- A 大规模旧城改造。
- B 保留有历史文物价值的旧房。
- C 所有的房屋都要拆了重建。
- D 旧房子已经有60–70年的房龄。

文中にある中国の不動産価格を高騰させる原因はなんであろうか？
- A 大規模な旧市街地改造。
- B 歴史的文化財の価値ある古い建物の保存。
- C すべての建物を建てかえなければならない。
- D 古い建物は既に建ててから60年～70年経っている。

解説 最後の一文がそのまま答えになっている。正解はA。Cで悩むこともあるかもしれないが、"所有的房屋" suǒyǒu de fángwū は「すべての建物」という意味で、文意とは違うことがわかる。

131
解答 **D**

什么样的房子还可以留下来？
- A 1949年以前的旧房子。
- B 已经有60–70年房龄的房子。
- C 1949–1979年建的房子。
- D 有历史文物价值的房子。

どのような建物は残しても良いのか？
- A 1949年までの古い建物。
- B 60年～70年築の建物。
- C 1949～1979年の間に建てたもの。
- D 歴史的文化財としての価値がある建物。

解説 「どのような建物は保存してもいいのか」という質問。建物の種類は少し紛らわしいが、「文化財としての価値があるもの」とはっきり書いてあるので、Dが正解。

132
解答 **B**

"黄埔军校"属于以下哪一类？
- A 解放后建的战备房。
- B 应该保留下来的房子。
- C 需要改造的棚户区。
- D 得拆了重建的旧房。

「黄埔軍校」は下記のどれに分類されているのか？
- A 解放後（1949年）に建てた軍備用建物。
- B 保存しなければならない建物。
- C 再開発が必要なバラック住宅街。
- D 建てかえる必要がある古い建物。

解説 131番の問題が解ければ、すぐに正解はBであることに気付くであろう。

No.	問題文と設問	訳

133–136

往年暑假大学生集体订票必须预先将订票信息和钱交给学校，今年暑运与往年不同，学校只需将学生订票的信息统计出来交给铁路部门，铁路部门会给每个学生一个号码。学生凭号码可就近到火车票代售点或售票窗口交钱取票。

　　市铁路局负责人表示，今年学生订普通列车和动车组车票的数量各占一半，并且在订普通列车票的学生中，还有相当一部分购买普通列车卧铺票。据了解，大学生购买动车组车票和高铁车票打七五折。该负责人表示，从大学生集体订票的情况来看，大多数大学生购票"不差钱"。

今までは夏休みになると大学生の帰省切符の集団予約は大学に予約情報と代金をあらかじめ渡す必要があったが、今年からやり方が変わって、大学が予約情報だけとりまとめて鉄道局に渡せば、学生はもらった予約番号を持って最寄りの切符売り場または窓口で支払いを済ませ、切符を受け取ることができるようになった。

　　市鉄道局の担当者の話によると、今年の学生の予約状況は、普通列車と特急列車が半分ずつで、普通列車の予約は寝台車の切符を購入した学生がかなりいるそうだ。大学生が特急列車と高速鉄道を予約する場合は、25％の学割がある。担当者の話によると大学生の集団予約状況からみれば、多くの学生は切符の値段をそれほど気にしていないとのことだ。

---

133 解答 **B**

今年暑假大学生集体订票的方式与往年有什么不同？
A 他们不再需要预先订票。
B 他们不再需要预先交钱。
C 他们不再需要付车费。
D 他们不再需要去售票处买票。

今年の夏休みの大学生の切符の集団予約方法はいつもの年とどう違うのか？
A あらかじめ予約する必要がなくなった。
B 前もってお金を支払わなくてよい。
C 切符の代金を支払う必要がなくなった。
D 切符売り場へ買いに行かなくてもいい。

解説　少し丁寧に文章を追う必要がある。「今までは前もって予約情報とお金を大学に渡したが、今年は予約情報だけで済む」というくだりからBが正解だということが判断できる。

---

134 解答 **C**

今年学生订票情况如何？
A 大多数学生订了最便宜的普通列车票。
B 大多数学生订了飞机票。
C 订普通列车和动车组车票的各占一半。
D 有75％的学生购买动车组车票和高铁车票。

今年の学生の予約状況はどうであろうか？
A 大多数の学生は最も安い普通列車の切符を予約した。
B 大多数の学生は航空券を予約した。
C 普通列車と特急列車を予約した学生は半分ずつだった。
D 75％の学生は特急列車と高速鉄道の切符を購入した。

解説　「今年の学生の予約状況はどうか」という質問。そのまま一文が答えになっているので、Cが正解。"动车组" dòngchēzǔ は新幹線のように速度が速い新しいタイプの電車のことである。

---

135 解答 **C**

铁道部门对暑假学生订票有何优惠？
A 学生可凭订票号码乘车。
B 学生可以优先购买卧铺票。
C 动车组和高铁车票票价优惠。
D 可半价购买动车组车票。

鉄道局は夏休みの学生に対してどのような優遇策を採っているか？
A 学生は予約番号で乗車できる。
B 寝台車の切符を優先的に購入できる。
C 特急列車と高速鉄道の切符は学割がある。
D 特急列車は50％引き。

解説　文中に「25％の割引価格で購入できる」とあるので、Cが正解。"75折" qīwǔ zhé は日本語の「7.5掛け」という意味に当たる。Aは少し紛らわしいが、「予約番号で乗車できる」という意味で、引っかからないように気をつけよう。

No.	問題文と設問	訳
136 解答 **A** 解説	今年暑假大学生订票情况给人什么印象？ A 学生家里有一定的经济实力。 B 学生的生活费不太充裕。 C 学生很在乎票价的差额。 D 所有学生都购买普通列车票。 本来は最後の一文でわかる問題ではあるが、"不差钱" búchàqián「お金の問題ではない」の意味が理解できなければ、「普通列車の寝台切	今年の夏休みの学生の予約状況はどういう印象を人に与えたのか？ A 学生の家はある程度経済力がある。 B 学生の生活費にはゆとりがない。 C 学生は切符の値段の差を大変気にしている。 D すべての学生は普通列車の切符を購入する。 符を買う学生もかなりいる」という文面からAが正解だと推測できるが、中国の社会事情にどの程度通じているかが問われる問題でもある。
137 ― 140	十年前，在北京的一场大雪中，李暮月碰到了两位让她搭车的好心人。十年后，当李暮月在微博上发文追忆此事并希望寻找当时的好心人时，仅18分钟，她就如愿以偿。 　　2011年6月23日，北京突遇滂沱大雨，多处变成汪洋，出行困难。这场大雨让某杂志社主编李暮月想起了自己十年前在同样窘迫情况下的幸运经历。那是2001年的冬天，北京下了场大雪。那晚她刚到北京一个月，生活拮据。早晨把钱包忘在家里了，身上只有裤兜里剩下的3.5元，等要回家时，已经身无分文了，脸皮又薄，不敢去蹭公交。就在她又冷又饿又不识路，绝望无助地在积水潭桥头徘徊时，一辆车在身边停下，招呼她搭车。"记得车里两个好心人中有一位叫程池，车后座有一架琴，好像是玩音乐的。万能的"围脖"，请问他在这儿么？" 23：33，李暮月在微博中这样问道。 　　仅3分钟，程池的好友——作词人崔恕就把李暮月的寻人感恩微博转发给了程池。"@程池music，你要找的人就是他。" 　　23：51，作曲、音乐制作人程池看到了这条寻人微博，不禁感叹："微博太强大了，谢好友崔恕转发给我。那天和好友维亚录完音回大兴时，大雪很可怕，非常冷，很多人没车在步行，就想顺路能捎上谁就捎上，刚好就碰见了你，你还记得名字，太牛了。这可是十年前的事儿啊。"	10年前の北京で、ある大雪の日に、李暮月は車に乗せてくれた優しい2人の人に出会った。10年後、李暮月はツイッターでこの思い出話を書いて、当時の2人を探したいと呟いたら、わずか18分後にその願いが叶ったのだ。 　　2011年6月23日、北京は突然豪雨に見舞われ、街は水浸しになったため、交通に大きな支障を来たした。この日の大雨は、ある雑誌出版社の編集者李暮月に10年前に自分が同じように途方にくれた時の幸運な出会いを思い出させてくれた。あれは2001年の冬だった。北京は大雪が降った。上京してまだ1カ月の彼女は、生活が苦しかった。その日、彼女は財布を家に忘れ、ポケットにあった3.5元で1日を凌ぐしかなかったが、家に帰る時もうお金は残っていなかった。彼女はバスにただ乗りする勇気もなく、寒さと飢えに耐えながら、知らない道をさまよっていたときのことであった。積水潭橋のたもとを絶望的な気分で歩いていたところに一台の車が止まり、乗るように言ってくれた。「車に2人が乗っていて、1人は程池という名前で、後部座席にピアノが置いてあったから、音楽関係者かなと思ったことを覚えている」と李暮月はツイッターに呟きながら、「なんでもできるツイッターよ！　彼はここにいるのでしょうか」と聞いた。時間は23時33分だった。 　　わずか3分後、作詞家である友人の崔恕は李暮月のツイッターメッセージを程池に転送してくれた。「お探しの人は、ここにいますよ！　@程池music」と李暮月にも伝えた。 　　23時51分、作曲家、音楽制作者の程池はこのメッセージを目にして感激した。「ツイッターの力は凄い！　崔さんありがとう。あの日は実は友人の維亜と収録を終えて大興に戻る途中だった。大雪になり、凍りついた中を多くの人は交通機関がマヒしたため歩いていた。ついでに同じ方向のだれかを拾っていこうと思っていたところ、あなたに出会った。10年前の事なのに、まだ私の名前を覚えているとは君もすごい！」と程池は呟き返した。

第8部　読解問題 | 159

No.	問題文と設問	訳
137―140	李暮月表示自己一直没忘那晚所受的帮助，一直想请程池和他的朋友吃顿好的，程池说一碗面就行。因此，网友笑称这事儿是网络时代的一碗阳春面，因为很多网友从中感受到了爱和善的力量。	李暮月は、自分はあの日助けてくれた人のことを忘れたことがない。程池とその友人にごちそうしたいとずっと思っていたと程に感謝の言葉を述べたら、程池は「うどん一杯で十分だよ」と答えた。これを見たネットユーザーたちは、「ネット時代の心温まるうどんエピソードに愛と優しさの力を感じた」とこの話を称えた。

137

解答 **C**

李暮月为什么要搭车？
- A 因为那天下了大雨，出行困难。
- B 因为下了大雪，天气很冷。
- C 因为没有钱坐公交车。
- D 因为她刚来北京。

李暮月はなぜ車に同乗したのか？
- A あの日は大雨で、交通機関がマヒしたから。
- B 大雪のため、寒かったから。
- C バスに乗るお金がなかったから。
- D 北京に来たばかりだったから。

解説：" 搭车 " dāchē は「車に同乗する」、" 蹭公交 " cènggōngjiāo は「バスにただ乗りする」という意味で、お金もなく、ただ乗りする勇気もなかったからことから、C が正解。B は直接の原因ではない。

138

解答 **D**

程池和他的朋友为什么招呼李暮月搭车？
- A 因为他们认识李暮月。
- B 因为他们看李暮月是个姑娘。
- C 因为李暮月招手拦车。
- D 因为他们想帮助在大雪中行走的人。

程池とその友人はなぜ李暮月を車に乗せてくれたのか？
- A 李暮月とは知り合いだったから。
- B 李暮月は女の子だから。
- C 李暮月が手を挙げて車を止めたから。
- D 大雪の中を歩く人を助けたかったから。

解説：文章は過去と現在が交差しているため、最後まできちんと読んで整理しないと、正解に辿りつきにくい問題。「大雪で困っている人を助けたい」と 10 年前に拾ってくれた人が言っていた文面から答えは D。

139

解答 **C**

网友为什么称这事儿是网络时代的一碗阳春面？
- A 因为李暮月要请程池吃面。
- B 因为程池只要一碗面的谢礼。
- C 因为网友觉得 " 阳春面 " 可以形象地比喻爱和善。
- D 因为 3.5 元只能买一碗阳春面。

ネットユーザーはなぜこのことをネット時代の「一杯のうどん」だと称えたのか？
- A 李暮月は程池にうどんをごちそうしたいから。
- B 程池は、お礼はうどん一杯でいいと言ったから。
- C 「うどん」は愛と優しさを象徴するものだと感じたから。
- D 3.5 元ではうどん一杯しか買えないから。

解説：" 阳春面 " yángchūnmiàn は温かいうどんのことであるが、比喩に使われることもあり、さしずめ「心が温まる」といったところだろうか。ここまでわかれば、C が正解だと気がつく。

No.	問題文と設問	訳
140 解答 **B**	与本文内容不符的是以下哪一项? A 是程池的朋友先看到李暮月的博文的。 B 李暮月看到车上有钢琴就没害怕。 C 程池非常佩服李暮月的记忆力。 D 网友们从这件事中感到了爱和善的力量。	文中の内容に合っていないのはどれか? A 程池の友人は先に李暮月のツイッターメッセージを見た。 B 李暮月は車にピアノがあったから怖くなかった。 C 程池は李暮月の記憶力に感心した。 D ネットユーザーはこのエピソードから愛と優しさの力を感じた。
解説	一つずつ意味を確認しながら、内容に合っていない答えを見つけよう。文中に程池の友人の崔がEメールアドレスを作者に転送した文面から	Aは合っている。ピアノを見たことは見たが、「安心した」とは書いていない、よってBが正解。CとDは文章の趣旨に合っている。

TECC オフィシャルガイド＆最新過去問題

2012 年 4 月 25 日　初版第 1 刷発行

編者　中国語コミュニケーション協会
発行者　原　雅久
発行所　株式会社朝日出版社
　　　　東京都千代田区西神田 3-3-5 〒101-0065
　　　　電話 03-3263-3321　振替東京 00140-2-46008
　　　　http://www.asahipress.com

装幀　岡本　健
本文デザイン　小熊未央
組版・印刷　倉敷印刷株式会社

定価はカバーに表示してあります。

©2012　中国語コミュニケーション協会　Printed in Japan
ISBN 978-4-255-00647-5
乱丁・落丁本はお取り替えいたします。
恐れ入りますが直接小社までお送りください。